Oscuros Experimentos en Humanos

25 casos reales en la historia

Phillips Tahuer

Ediciones Afrodita

Contenido:
Introducción
Experimentos controvertidos:

Introducción

«La ciencia nunca resuelve un problema sin crear otros 10 más».
George Bernard Shaw

La historia de la experimentación humana entre los siglos XIX y XXI es una narrativa compleja y a menudo inquietante marcada por importantes avances científicos, profundas violaciones éticas y reformas posteriores. Este período fue testigo de una amplia gama de experimentos realizados en sujetos humanos, muchos de los cuales se llevaron a cabo sin consentimiento informado y en condiciones de explotación. Estos experimentos, si bien contribuyeron al conocimiento médico y científico, también ponen de relieve el lado oscuro de las prácticas de investigación y el desafío persistente de garantizar estándares éticos en los estudios humanos.

Desde los primeros ensayos de vacunación realizados por Edward Jenner a fines del siglo XVIII, que carecieron de consentimiento informado, siguiendo por los horribles experimentos realizados por los médicos nazis durante la Segunda Guerra Mundial, los siglos XIX y principios del XX están repletos de ejemplos de sufrimiento humano bajo el disfraz de la investigación científica.

La explotación poco ética de poblaciones vulnerables durante aquella época subrayó la necesidad de establecer directrices éticas estrictas, lo que finalmente condujo al establecimiento del Código de

Núremberg en 1947, que enfatizó el consentimiento voluntario como un principio fundamental.

A pesar de estos avances legislativos, las violaciones éticas continuaron, en particular en los Estados Unidos, donde los experimentos a menudo se dirigían a grupos marginados, incluidas minorías raciales y prisioneros, como se vio en el infame estudio de la sífilis de Tuskegee.

La mitad del siglo XX se caracterizó por una serie de experimentos militares y gubernamentales controvertidos, que incluyeron pruebas de exposición a sustancias químicas y radiactivas, a menudo realizadas sin el consentimiento adecuado y con daños significativos para los participantes.

La repulsa ante estos abusos impulsó otros marcos regulatorios como la Declaración de Helsinki (1964), aunque su aplicación siguió siendo inconsistente y muchos sujetos no fueron informados ni compensados por su participación en diversos experimentos científicos.

Cabe destacar que el Experimento de la Prisión de Stanford de 1971 y el Proyecto QKHILLTOP de la CIA ejemplificaron los dilemas éticos actuales en la investigación psicológica y farmacológica, planteando preguntas críticas sobre el equilibrio entre el descubrimiento científico y los derechos humanos.

Incluso en el siglo XXI, el legado de la experimentación humana sin ética sigue proyectando una gran sombra. Los ejemplos modernos de mala conducta médica, que a menudo reflejan prejuicios institucionales y raciales, revelan que las cuestiones del consentimiento y la explotación están lejos de resolverse.

Si bien los abusos históricos han dado lugar a importantes reformas éticas, el debate en curso sobre el uso de datos obtenidos a partir de experimentos no éticos ilustra la lucha persistente por conciliar el progreso científico con la responsabilidad moral.

Así, la historia de la experimentación humana sirve como un duro recordatorio de la importancia crítica de la supervisión ética para salvaguardar el bienestar y los derechos de los participantes en la investigación.

Experimentos humanos del siglo XIX

El siglo XIX fue un período de importantes avances en el conocimiento médico y científico. Sin embargo, esta era también fue testigo de numerosos experimentos controvertidos y a menudo poco éticos realizados en seres humanos.

- **Ensayos de vacunación temprana**

Uno de los ejemplos más notables de experimentación humana del siglo XIX es el trabajo del cirujano inglés Edward Jenner. En 1796, Jenner llevó a cabo el primer ensayo de vacunación del mundo al exponer al hijo de 8 años de su jardinero a la viruela vacuna y, posteriormente, a la viruela. Este ensayo de provocación en humanos sentó las bases de la inmunología moderna, pero se llevó a cabo sin lo que hoy se consideraría un consentimiento informado adecuado.

• Explotación de poblaciones vulnerables

A lo largo del siglo XIX, muchos profesionales médicos vieron "oportunidades" para realizar experimentos con individuos crédulos, vulnerables o desesperados. Estos experimentos a menudo carecían de valor científico real y estaban motivados más por la curiosidad profesional que por el deseo de hacer avanzar el conocimiento médico.]

La historia de la medicina durante este período está marcada por numerosos casos en los que los médicos explotaron a sus pacientes, lo que provocó un sufrimiento humano significativo.

Impacto en la ética médica

Las prácticas poco éticas del siglo XIX han tenido un impacto duradero en el campo de la ética médica. Estos primeros experimentos pusieron de relieve la necesidad de establecer directrices éticas más estrictas para proteger a los sujetos humanos en la investigación médica. Si bien el concepto de consentimiento informado y de comités de revisión ética aún no se había establecido, la naturaleza controvertida de estos experimentos sentó las bases para futuras reformas en la ética de la investigación médica.

Experimentos humanos de principios del siglo XX

A principios del siglo XX se produjeron una serie de experimentos humanos controvertidos y a menudo poco éticos, a pesar de la creación de directrices éticas como el Código de Núremberg en 1947. Los juicios de Núremberg de 1945 a 1946, que procesaron a médicos nazis por experimentos humanos poco éticos durante la Segunda Guerra Mundial, iniciaron el debate público sobre la ética de la investigación con sujetos humanos. El Código de Núremberg, establecido en 1947, diferenciaba entre experimentación terapéutica y no terapéutica, y en su primera disposición establecía que "el consentimiento voluntario del sujeto humano es absolutamente esencial".

Sin embargo, este código tuvo poco impacto en los Estados Unidos, donde los médicos lo vieron como irrelevante para su investigación debido a la promesa de antibióticos y el aumento de la financiación federal.

A pesar de estas directrices éticas, se llevaron a cabo numerosos experimentos humanos de manera poco ética desde la década de 1940 hasta la de 1970. Entre ellos se encontraban experimentos con radiación, exposiciones tóxicas al Agente Naranja durante la Guerra de Vietnam y otros estudios menos conocidos de preparación para la guerra química.

La experimentación humana durante este período a menudo involucraba a hombres, mujeres y niños, incluidos bebés, ancianos y mujeres embarazadas, tanto dentro de las instalaciones como entre las poblaciones circundantes. Los sujetos incluían delincuentes comunes, bandidos capturados, prisioneros políticos, personas sin hogar y discapacitados mentales.

Las víctimas no se limitaban a ningún grupo específico, sino que incluían a diversas etnias y nacionalidades, como chinos, rusos, mongoles, coreanos y, ocasionalmente, europeos y estadounidenses.

Una de las unidades más notorias que participaron en estos experimentos fue la Unidad 731, que realizó pruebas con numerosos agentes biológicos, incluidos el ántrax, la fiebre tifoidea y la peste. Las actividades de la unidad formaban parte de los esfuerzos de guerra biológica de Japón durante la Segunda Guerra Mundial, que afectaron tanto al personal militar como a los civiles.

En el período de posguerra, Estados Unidos llevó a cabo su investigación sobre estos crímenes y elaboró varios informes que detallaban el alcance de los experimentos humanos realizados por la Unidad 731.

La repulsa que suscitaron estos abusos condujo a la elaboración del Código de ética médica de Núremberg. Sin embargo, el código no se citó en las sentencias contra los acusados en el proceso de los médicos y no se incorporó a la legislación médica alemana ni estadounidense.

A pesar del establecimiento de estas pautas éticas, la historia de la experimentación médica a principios del siglo XX está marcada por numerosas violaciones, lo que plantea interrogantes sobre la aplicación y la eficacia de las normas éticas en la protección de los sujetos humanos

Experimentos humanos de mediados del siglo XX

La mitad del siglo XX en los Estados Unidos estuvo marcada por importantes avances científicos y descubrimientos médicos. Esta era fue testigo de la rápida expansión de los conocimientos y técnicas médicas, lo que alentó a los profesionales médicos a realizar numerosos experimentos con sujetos humanos para comprender mejor el cuerpo humano o probar la eficacia de los tratamientos. Estos experimentos humanos, dirigidos y financiados en gran medida por el gobierno de los Estados Unidos, a menudo se realizaban de manera poco ética o ilegal. Aunque el Código de Núremberg y la Declaración de Helsinki se introdujeron para proteger los derechos y el bienestar de los sujetos humanos en la investigación médica, la experimentación poco ética continuó durante las siguientes décadas en los Estados Unidos.

Experimentos antiéticos en Estados Unidos

Uno de los ejemplos más notorios de experimentación humana poco ética fue el estudio de la sífilis de Tuskegee, que en 1972 hizo sonar las alarmas sobre el uso indebido de sujetos humanos. Este estudio contribuyó a la promulgación de la Ley Nacional de Investigación, cuyo objetivo era proteger a los sujetos humanos en la investigación médica. Durante la Segunda Guerra Mundial, el gobierno de los Estados Unidos realizó experimentos con gas mostaza en soldados estadounidenses para probar la eficacia de la ropa y el equipo de protección en caso de ataques con gas mostaza. Los soldados fueron colocados en cámaras de gas o expuestos directamente al gas mostaza durante horas sin su consentimiento informado o voluntario, lo que les provocó graves problemas respiratorios, quemaduras en la piel y cánceres posteriores.

Experimentos basados en la raza y otras prácticas poco éticas

Desde la década de 1940 hasta la de 1970, se llevaron a cabo numerosos experimentos científicos con seres humanos, a pesar del Código de Núremberg. Entre ellos, se incluyeron experimentos con radiación y exposiciones tóxicas, como el Agente Naranja durante la Guerra de Vietnam. Los experimentos con seres humanos involucraron a hombres, mujeres y niños, incluidos bebés, ancianos y mujeres embarazadas. Entre los sujetos se encontraban delincuentes comunes, presos políticos, personas sin hogar o con discapacidad mental. Los ciudadanos comunes también fueron víctimas de estos experimentos, realizados tanto dentro de las instalaciones como entre las poblaciones circundantes.

Experimentación humana nazi

La experimentación humana nazi, una serie de experimentos médicos realizados con prisioneros por la Alemania nazi, se llevó a cabo principalmente entre 1942 y 1945 en campos de concentración. Estos experimentos, dirigidos por figuras como Sigmund Rascher y Eduard Wirths, tenían como objetivo ayudar al personal militar alemán, desarrollar nuevas armas y promover la ideología racial y la eugenesia nazis. Los experimentos incluían pruebas de congelación e hipotermia para simular las condiciones en el frente oriental y experimentos a gran altitud para ayudar a los pilotos alemanes. Estos experimentos dieron como resultado numerosas muertes y lesiones permanentes graves entre los sujetos.

Período posterior a la Segunda Guerra Mundial y la Guerra Fría

Después de la Segunda Guerra Mundial, la Guerra Fría dio lugar a más experimentos poco éticos. Por ejemplo, Fort Detrick, en Maryland, se convirtió en la sede de los experimentos de guerra biológica de Estados Unidos. La Operación Whitecoat supuso la inyección de agentes infecciosos en las fuerzas militares para observar sus efectos. La indignación pública por estos experimentos gubernamentales dio lugar a varias investigaciones y audiencias del Congreso, aunque no se llegó a ningún procesamiento. A muchos de los sujetos que participaron en estos ensayos no se les indemnizó ni se les informó de que habían participado en dichos experimentos.

Estos experimentos humanos de mediados del siglo XX ponen de relieve los desafíos éticos y las violaciones de los derechos humanos inherentes a la investigación científica durante ese período. Las normas y directrices éticas resultantes apuntaban a prevenir tales abusos en la investigación médica futura.

Experimentos humanos de finales del siglo XX

A finales del siglo XX se produjo una serie de experimentos humanos controvertidos y éticamente dudosos, a pesar de las regulaciones internacionales destinadas a proteger a los sujetos humanos en la investigación.

Uno de los casos más notorios fue el estudio de sífilis de Tuskegee, que se hizo público en 1972. Este estudio, llevado a cabo por el Servicio de Salud Pública de los Estados Unidos, siguió a hombres afroamericanos infectados con sífilis sin proporcionarles un tratamiento adecuado, incluso después de que la penicilina estuviera disponible.

En este mismo sentido, se llevaron a cabo diversos experimentos poco éticos con personal militar sin su consentimiento. Por ejemplo, los soldados fueron sometidos a menudo a pruebas que implicaban exposiciones tóxicas, como el Agente Naranja durante la Guerra de Vietnam, y a experimentos de radiación.

En el campo de la psicología "El experimento de la prisión de Stanford", llevado a cabo en 1971 en la Universidad de Stanford, investigó los efectos psicológicos del poder percibido asignando a voluntarios papeles de prisioneros y guardias en un entorno carcelario simulado.

En 1954, la CIA inició el Proyecto QKHILLTOP para estudiar las técnicas de lavado de cerebro chinas y desarrollar nuevos métodos de interrogatorio. El Dr. Harold Wolff, de la Universidad de Cornell, dirigió esta investigación, que incluyó experimentos con drogas y procedimientos que dañaban el cerebro en sujetos humanos, a menudo sin su consentimiento.

Lecciones éticas

Las infracciones éticas cometidas en estos experimentos de finales del siglo XX ponen de relieve la importancia fundamental de la supervisión ética en la investigación con seres humanos. Los investigadores subrayan que, si bien estos estudios ofrecen lecciones valiosas, deben llevarse a cabo con rigurosos estándares éticos para proteger los derechos y el bienestar de los participantes.

Experimentos humanos del siglo XXI

En el siglo XXI, a pesar de numerosas directrices éticas y marcos regulatorios, se han seguido realizando experimentos controvertidos en seres humanos. Estos experimentos a menudo exponen los problemas persistentes relacionados con el consentimiento, la explotación y el daño en la investigación científica.

El legado de la mala praxis médica ha persistido hasta el siglo XXI, y a menudo refleja prejuicios institucionales y raciales profundamente arraigados. Por ejemplo, la retirada de una estatua ofensiva en la ciudad de Nueva York en 2018 simbolizó un intento de reparar los abusos históricos. La estatua representaba a un ginecólogo del siglo XIX que había experimentado notoriamente con mujeres esclavizadas bajo la falsa premisa de que las personas negras no sentían dolor.

Este contexto histórico pone de relieve el impacto continuo de las prácticas antiéticas del pasado en la sociedad moderna.

La experimentación humana también se ha visto afectada por prácticas de discriminación racial. Esto motivó a la promulgación de la Ley Nacional de Investigación en 1974.

Esta ley fue una respuesta al reconocimiento más amplio de prácticas poco éticas dirigidas a grupos marginados, revelando hasta qué punto la investigación científica había explotado históricamente a las poblaciones vulnerables.

Deliberaciones éticas

El debate ético en torno al uso de datos obtenidos a partir de experimentos poco éticos sigue siendo un tema polémico. Algunos académicos sostienen que el uso de información obtenida de manera poco ética perpetúa los agravios infligidos a las víctimas, mientras que otros creen que esos datos pueden seguir teniendo valor científico si se gestionan de forma responsable.

Este debate pone de relieve la lucha constante por equilibrar el progreso científico con la responsabilidad ética.

Para concluir esta introducción al tema, vale resaltar, para nunca olvidar, a quién se lo considera la figura más temida y oscura de la ciencia moderna; nos referimos a Josef Mengele:

La Vida de Josef Mengele y sus Crímenes de Guerra

Josef Mengele, conocido como el "Ángel de la Muerte", fue un médico nazi que llevó a cabo atroces experimentos médicos en prisioneros del campo de concentración de Auschwitz durante la Segunda Guerra Mundial.

Josef Mengele es sinónimo de crueldad y barbarie en la historia del Holocausto. Sus experimentos inhumanos y su desprecio por la vida humana representan lo peor de la ideología nazi.

Josef Mengele nació el 16 de marzo de 1911 en Günzburg, Alemania, en una familia acomodada. Estudió medicina y antropología en las universidades de Múnich, Bonn y Frankfurt, obteniendo su doctorado en 1938. Su trabajo académico inicial se centró en la genética y la antropología racial, intereses que más tarde se traducirían en sus horribles experimentos en Auschwitz.

Mengele se unió a las SA (Sturmabteilung) en 1933 y al NSDAP (Partido Nazi) en 1937. En 1938, se unió a la SS (Schutzstaffel), donde rápidamente ascendió en las filas. Su carrera militar y su ferviente creencia en la ideología nazi lo llevaron a Auschwitz, donde encontró el escenario para sus monstruosas actividades.

En mayo de 1943, Mengele fue asignado a Auschwitz, donde pronto se hizo conocido por su papel en las "selecciones" en la rampa de trenes, decidiendo quiénes serían enviados a trabajos forzados y quiénes a las cámaras de gas.

Mengele realizó una serie de experimentos médicos atroces, especialmente enfocados en gemelos, personas con deformidades y otros prisioneros. Estos experimentos incluían:

Experimentos con Gemelos: Mengele estaba obsesionado con los gemelos, a quienes sometía a procedimientos crueles, como inyecciones de sustancias químicas, amputaciones y transfusiones de sangre entre gemelos.

Experimentos con Anomalías Genéticas: Realizó estudios brutales en prisioneros con enanismo y otras deformidades, tratando de entender y manipular las características genéticas.

Inyecciones Letales y Cirugías: Mengele inyectaba sustancias tóxicas en los ojos de los prisioneros para cambiar su color y realizaba cirugías sin anestesia para estudiar el cuerpo humano.

Los experimentos de Mengele no solo carecían de valor científico, sino que también resultaron en la muerte y mutilación de miles de prisioneros. Su crueldad y la naturaleza arbitraria de sus experimentos lo convirtieron en una figura temida y odiada en Auschwitz.

Al final de la Segunda Guerra Mundial, Mengele huyó de Auschwitz y pasó un tiempo en varios campos de prisioneros de guerra sin ser identificado. En 1949, con la ayuda de una red de simpatizantes nazis, escapó a América del Sur, primero a Argentina y luego a Paraguay y Brasil.

En América del Sur, Mengele vivió bajo varios alias y logró evadir la captura durante décadas. Continuó trabajando en varias ocupaciones, desde agricultor hasta comerciante, y mantuvo contacto con otros nazis fugitivos.

Josef Mengele murió el 7 de febrero de 1979 en Brasil, aparentemente ahogado mientras nadaba. Su identidad fue confirmada en 1985 a través de pruebas forenses, cerrando un capítulo de décadas de búsqueda y especulación.

Mengele fue acusado de crímenes de guerra, crímenes contra la humanidad y genocidio debido a sus actividades en Auschwitz. Sin embargo, nunca fue llevado ante la justicia debido a su habilidad para evadir la captura.

Mengele se ha convertido en un símbolo de la crueldad del Holocausto. Su nombre y sus acciones son recordados en museos, memoriales y testimonios de sobrevivientes, asegurando que las atrocidades que cometió nunca sean olvidadas.

Experimentos controvertidos

Los experimentos en humanos han sido esenciales para el progreso de la medicina y la ciencia. Sin embargo, la falta de regulaciones y supervisión ética en el pasado llevó a abusos y atrocidades en nombre del conocimiento. A continuación, una selección de los más infames y oscuros experimentos sobre el cuerpo y la mente humana, donde se destaca la falta de regulaciones con que se llevaron a cabo.

1. El experimento Kellogg

Llevado a cabo en la década de 1930 por el psicólogo Winthrop Niles Kellogg y su esposa Luella Kellogg, es un estudio fascinante y controvertido en la historia de la psicología y la etología comparada. Este experimento tenía como objetivo explorar las capacidades de aprendizaje y desarrollo de un chimpancé en comparación con un niño humano, proporcionando valiosas (aunque a veces discutidas) ideas sobre la naturaleza de la inteligencia y el comportamiento.

Durante las primeras décadas del siglo XX, los psicólogos y biólogos estaban profundamente interesados en comprender la naturaleza de la inteligencia humana y animal. Las teorías conductistas, que dominaban la psicología de la época, se centraban en estudiar el comportamiento observable y su relación con el entorno. En este contexto, Winthrop Niles Kellogg, profesor de psicología en la Universidad de Indiana, decidió llevar a cabo un experimento innovador para investigar las similitudes y diferencias entre los humanos y los simios.

El experimento se inició en 1931 cuando los Kellogg decidieron criar a un chimpancé, llamado Gua, junto a su hijo Donald, que tenía aproximadamente la misma edad que el chimpancé. Gua fue adoptada por los Kellogg cuando tenía siete meses de edad, y Donald tenía diez meses en ese momento. Durante un periodo de nueve meses, ambos fueron tratados de manera casi idéntica en un ambiente controlado.

El objetivo principal era observar cómo el entorno humano afectaba el desarrollo cognitivo y comportamental del chimpancé en comparación con el niño humano. Ambos sujetos del estudio fueron expuestos a los mismos estímulos, incluidos juegos, interacciones sociales y tareas de aprendizaje. Se los vestía de igual manera, se les daba la misma cuota de afectos y se los instruía de la misma forma. Los Kellogg registraron meticulosamente las respuestas de Gua y Donald a diversos estímulos, incluyendo su capacidad para resolver problemas, su desarrollo lingüístico y sus comportamientos sociales.

A lo largo del experimento, los Kellogg observaron varias similitudes y diferencias entre Gua y Donald:

<u>Desarrollo Motor y Cognitivo</u>: Inicialmente, Gua superó a Donald en varias tareas motoras y cognitivas. Por ejemplo, Gua era más rápida en aprender a usar utensilios y resolver problemas mecánicos simples. Sin embargo, esta ventaja comenzó a disminuir con el

tiempo a medida que Donald desarrollaba sus habilidades.

Desarrollo Lingüístico: Una de las diferencias más significativas observadas fue en el desarrollo del lenguaje. A pesar de estar expuesta a un entorno humano, Gua no logró desarrollar habilidades lingüísticas comparables a las de Donald. Donald comenzó a hablar, mientras que Gua solo podía imitar sonidos sin comprender su significado.

Comportamiento Social: Ambos mostraron comportamientos sociales similares en algunos aspectos, como el juego y la interacción con los adultos. Sin embargo, las diferencias en su naturaleza biológica eventualmente se hicieron evidentes, especialmente en la forma en que interactuaban con el entorno y los humanos.

En general, el desarrollo mostrado por Gua fue increíble. Prestaba atención a las órdenes que se le daban, y obedecía a ellas mejor que su "hermano humano"; concurría sola al baño y adquirió más rápidamente la habilidad de comer con cubiertos.

Era notable como el chimpancé desarrollaba habilidades humanas, como dar besos y pedir perdón. Sin darse cuenta, Gua se había convertido en la líder, que comenzó a enseñarle habilidades típicas de un mono a Donald. Esto alarmó al matrimonio Kellogg, que decidieron terminar el experimento tres meses antes de que se cumpliera el plazo de un año.

El experimento Kellogg proporcionó información valiosa sobre el desarrollo cognitivo y comportamental comparado entre humanos y simios. Sin embargo, también generó controversias éticas y científicas. La naturaleza del experimento planteó preguntas sobre el bienestar de los sujetos, especialmente en lo que respecta a Gua. Criar a un chimpancé en un entorno humano puede causar problemas de identidad y adaptación tanto para el animal como para los humanos involucrados.

Además, los resultados del experimento fueron interpretados de diversas maneras. Algunos científicos argumentaron que las diferencias observadas respaldaban la idea de que la inteligencia humana es única y no puede ser replicada en otras especies. Otros sugirieron que el entorno desempeña un papel crucial en el desarrollo de habilidades cognitivas, y que, con suficiente tiempo y esfuerzo, un simio podría desarrollar habilidades más avanzadas.

A pesar de las controversias, el experimento Kellogg sigue siendo un estudio fundamental en la historia de la psicología y la etología. Destacó la importancia del entorno en el desarrollo cognitivo y proporcionó una base para futuras investigaciones sobre la inteligencia animal y humana. También subrayó la necesidad de considerar cuidadosamente las implicaciones éticas de los estudios comparativos entre humanos y animales.

El legado del experimento Kellogg reside en su contribución a nuestra comprensión de la mente y el comportamiento, así como en su papel en la evolución de las normas éticas en la investigación científica. A través de este estudio, los científicos han aprendido a abordar preguntas complejas sobre la naturaleza de la inteligencia y el desarrollo con mayor sensibilidad y rigor.

2.   Los Experimentos de la Unidad 731

La Unidad 731, una división del Ejército Imperial Japonés durante la Segunda Guerra Mundial, es conocida por los atroces experimentos humanos que realizó en prisioneros. Estos experimentos incluyeron vivisecciones, pruebas de armas biológicas y exposición a enfermedades letales.

Durante la Segunda Guerra Mundial, mientras el mundo se encontraba en un estado de conflicto extremo, algunas de las investigaciones más inhumanas y crueles en la historia de la humanidad fueron llevadas a cabo por la Unidad 731 del Ejército Imperial Japonés. Fundada con el propósito de desarrollar armas biológicas, la Unidad 731 operó en un secretismo casi absoluto, realizando experimentos brutales en miles de prisioneros, principalmente chinos, pero también rusos, coreanos y mongoles.

La Unidad 731 fue establecida en 1936 en la región ocupada de Manchuria, bajo la dirección del general Shiro Ishii, un médico militar con un interés obsesivo por la investigación bacteriológica. Los objetivos principales de la Unidad 731 eran desarrollar armas biológicas y estudiar sus efectos en el cuerpo humano, con el fin de utilizarlas en la guerra.

Metodología de los Experimentos:

Vivisecciones y Experimentación Quirúrgica
Uno de los aspectos más horrendos de la Unidad 731 fue la práctica de vivisecciones en prisioneros vivos. Estos procedimientos se realizaban sin anestesia para estudiar los efectos de diversas enfermedades y heridas en el cuerpo humano. Los prisioneros eran infectados deliberadamente con patógenos como el ántrax, la peste y el cólera, y luego disecados vivos para observar la progresión de estas enfermedades internamente.

Pruebas de Armas Biológicas
La Unidad 731 llevó a cabo pruebas extensivas con armas biológicas. Liberaron pulgas infectadas con peste bubónica sobre ciudades chinas, causando epidemias devastadoras. También contaminaron pozos de agua y alimentos con bacterias patógenas para estudiar la diseminación y los efectos de estas enfermedades en la población.

Experimentación con Congelación
Los prisioneros fueron sometidos a experimentos de congelación para entender cómo el cuerpo humano responde a la hipotermia. Los sujetos eran obligados a permanecer en temperaturas extremadamente bajas, y sus extremidades eran sumergidas en agua helada hasta que se congelaban. Posteriormente, los investigadores estudiaban los efectos del proceso de descongelación, a menudo causando un dolor inimaginable y la muerte.

Pruebas de Armas Químicas

Además de las armas biológicas, la Unidad 731 también experimentó con armas químicas. Los prisioneros eran expuestos al gas mostaza y a otras sustancias químicas tóxicas para estudiar sus efectos. Estos experimentos resultaron en quemaduras graves, lesiones internas y muerte.

Estudios de Enfermedades Venéreas

Los prisioneros, incluidas mujeres, eran infectados deliberadamente con enfermedades venéreas como la sífilis y la gonorrea para estudiar la progresión y los efectos de estas infecciones. Estos estudios incluían experimentos sexuales forzados entre prisioneros infectados y no infectados.

Los horrores de la Unidad 731 salieron a la luz después de la guerra, pero muchos de los responsables nunca enfrentaron la justicia. Al finalizar la guerra, las autoridades estadounidenses ofrecieron inmunidad a cambio de los datos de investigación recopilados por la Unidad 731, lo que permitió a muchos de los científicos y médicos involucrados evadir el castigo.

El legado de la Unidad 731 es un recordatorio sombrío de las atrocidades que pueden ocurrir cuando la ciencia y la medicina se desvían de la ética y la humanidad. Estos eventos subrayaron la necesidad de regulaciones éticas estrictas en la investigación y el desarrollo de armas, así como la importancia de recordar y aprender de la historia para evitar repetir los errores del pasado.

3.   El Estudio de Sífilis de Tuskegee

El Estudio de Sífilis de Tuskegee, realizado entre 1932 y 1972, es uno de los ejemplos más notorios de violaciones éticas en la investigación médica en Estados Unidos.

Este programa de investigación, llevado a cabo por el Servicio de Salud Pública de los Estados Unidos (PHS), es recordado como una de las mayores faltas éticas en la historia de la medicina. A lo largo de 40 años, el estudio observó la progresión de la sífilis en hombres afroamericanos sin proporcionarles tratamiento, incluso después de que la penicilina se convirtiera en la cura estándar para la enfermedad.

En la década de 1930, la sífilis era una enfermedad común y devastadora. La comunidad médica estaba interesada en comprender su progresión natural. En este contexto, el PHS, junto con el Instituto Tuskegee y el Dr. Taliaferro Clark, lanzaron el Estudio de Sífilis de Tuskegee en el Condado de Macon, Alabama, una región con una alta prevalencia de sífilis entre la población afroamericana.

El objetivo declarado del estudio era observar la historia natural de la sífilis no tratada en hombres afroamericanos. Los investigadores querían entender mejor las diferentes etapas de la enfermedad y los efectos a largo plazo en el cuerpo humano.

El estudio reclutó a 600 hombres afroamericanos, 399 con sífilis y 201 sin la enfermedad, como grupo de control. Los participantes eran en su mayoría agricultores pobres y analfabetos. A los hombres se les prometió tratamiento médico gratuito, transporte a la clínica, comidas diarias y un seguro de entierro.

Inicialmente, el tratamiento disponible en la década de 1930 para la sífilis era tóxico y de eficacia limitada. Sin embargo, después de que la penicilina se estableciera como la cura efectiva en la década de 1940, los investigadores del estudio deliberadamente retuvieron el tratamiento para los participantes. A los hombres se les negó información sobre su diagnóstico y la naturaleza del estudio, bajo el pretexto de que estaban siendo tratados por "mala sangre", un término vago utilizado en la época.

A lo largo del estudio, los investigadores observaron los efectos devastadores de la sífilis no tratada. Documentaron las fases primarias, secundarias y terciarias de la enfermedad, proporcionando datos extensivos sobre su progresión. Sin embargo, estos hallazgos se obtuvieron a un costo humano inaceptable, ya que muchos participantes sufrieron complicaciones graves y muerte prematura.

El impacto en los participantes fue catastrófico. Además de las complicaciones de salud, el estudio perpetuó la desconfianza hacia el sistema médico entre la comunidad afroamericana. Muchos hombres murieron a causa de la sífilis, transmitieron la enfermedad a sus esposas y nacieron niños con sífilis congénita.

En 1972, el periodista Jean Heller expuso el estudio en el New York Times, causando indignación pública y poniendo fin al experimento. La revelación llevó a una investigación del Congreso y la implementación de nuevas regulaciones para la protección de los sujetos humanos en la investigación.

En 1973, se presentó una demanda colectiva que resultó en un acuerdo de 10 millones de dólares para los sobrevivientes y sus familias. Además, el caso provocó la creación de la Comisión Nacional para la Protección de los Sujetos Humanos de la Investigación Biomédica y del Comportamiento, y la implementación de directrices éticas más estrictas, incluyendo el requisito del consentimiento informado.

En 1997, el presidente Bill Clinton emitió una disculpa formal en nombre del gobierno de los Estados Unidos, reconociendo el daño causado y la traición a la comunidad afroamericana.

4. Los Experimentos en la Prisión de Holmesburg

Entre 1951 y 1974, la prisión de Holmesburg en Filadelfia, Pensilvania, fue el escenario de una serie de experimentos médicos controvertidos llevados a cabo en reclusos. Estos estudios, liderados principalmente por el Dr. Albert Kligman, implicaron la exposición a diversas sustancias químicas y farmacológicas sin el consentimiento informado adecuado.

La investigación médica en prisiones ha sido una práctica común en la historia de la medicina, pero los experimentos realizados en la prisión de Holmesburg destacan por su falta de ética y explotación de una población vulnerable. Entre 1951 y 1974, los reclusos de Holmesburg fueron sujetos a una variedad de experimentos que involucraron la aplicación de sustancias químicas y farmacológicas, sin ser plenamente informados de los riesgos y con la promesa de compensaciones económicas mínimas.

Durante las décadas de 1950 y 1960, la industria farmacéutica experimentó un rápido crecimiento, y la necesidad de ensayos clínicos aumentó significativamente. Las prisiones, con su población cautiva, se convirtieron en un recurso conveniente para estos ensayos. En este contexto, la prisión de Holmesburg fue utilizada como un laboratorio humano para probar productos químicos y farmacéuticos.

El principal objetivo de los experimentos era probar la seguridad y eficacia de diversos productos, incluyendo agentes dermatológicos, productos de higiene personal, sustancias radioactivas y productos químicos industriales. Estos estudios eran financiados por empresas farmacéuticas, universidades y el gobierno de los Estados Unidos.

A los prisioneros participantes, a menudo, se les ofrecía una pequeña compensación económica, lo cual era atractivo para los reclusos, muchos de los cuales provenían de entornos socioeconómicos desfavorecidos. Sin embargo, no se les proporcionaba información adecuada sobre los riesgos y la naturaleza de los experimentos.

Los experimentos realizados en Holmesburg incluyeron:

<u>Pruebas de Agentes Dermatológicos</u>: Se aplicaron diversas sustancias químicas en la piel de los reclusos para estudiar sus efectos. Estos agentes incluían productos de limpieza, lociones y cremas, muchos de los cuales causaron quemaduras, erupciones y otras reacciones adversas.

<u>Exposición a Sustancias Químicas Industriales</u>: Los reclusos fueron expuestos a productos químicos como dioxinas y otros agentes tóxicos para estudiar sus efectos a largo plazo en la salud humana.

<u>Pruebas de Radiación</u>: En algunos casos, los reclusos fueron expuestos a sustancias radioactivas para observar los efectos de la radiación en el cuerpo.

<u>Pruebas de Productos Farmacéuticos</u>: Se administraron medicamentos experimentales para evaluar su seguridad y eficacia, lo que a menudo resultó en efectos secundarios graves.

Los experimentos en la prisión de Holmesburg produjeron una cantidad significativa de datos sobre la toxicidad y eficacia de varios productos químicos y farmacéuticos. Estos datos beneficiaron a las empresas y las instituciones que financiaron los estudios, pero se obtuvieron a un costo humano considerable.

Los prisioneros que participaron en los experimentos sufrieron numerosos efectos adversos, incluyendo quemaduras químicas, enfermedades crónicas y, en algunos casos, muerte. La falta de consentimiento informado y el aprovechamiento de una población vulnerable fueron aspectos particularmente condenables de estos experimentos.

La práctica de realizar experimentos en la prisión de Holmesburg comenzó a disminuir en la década de 1970 debido a la creciente conciencia pública y las críticas sobre la ética de usar prisioneros como sujetos de investigación. En 1974, los experimentos fueron finalmente suspendidos.

En 1978, el Congreso de los Estados Unidos promulgó la Ley Nacional de Investigación, que estableció principios éticos para la investigación biomédica y de comportamiento, y creó la Comisión Nacional para la Protección de los Sujetos Humanos de Investigación Biomédica y del Comportamiento.

5. Proyecto MKUltra

El Proyecto MKUltra fue un programa secreto de la Agencia Central de Inteligencia (CIA) de los Estados Unidos, llevado a cabo desde la década de 1950 hasta principios de la década de 1970. Su objetivo era desarrollar técnicas y drogas para el control mental, utilizando métodos como la administración de LSD, hipnosis y privación sensorial en sujetos humanos.

En el contexto de la Guerra Fría, el Proyecto MKUltra surgió como una respuesta de la CIA a los temores de que la Unión Soviética y otros enemigos estuvieran desarrollando técnicas avanzadas de control mental. Este programa ultrasecreto implicó la experimentación en miles de ciudadanos estadounidenses y extranjeros, a menudo sin su conocimiento o consentimiento, lo que resultó en graves violaciones éticas y legales.

La CIA estaba preocupada por los informes de que la Unión Soviética, China y Corea del Norte estaban utilizando técnicas de lavado de cerebro para controlar a los prisioneros de guerra estadounidenses. En respuesta, la CIA buscó desarrollar sus propias técnicas de control mental.

El principal objetivo de MKUltra era investigar y desarrollar métodos para controlar el comportamiento humano. Esto incluía el uso de drogas psicodélicas, hipnosis, privación sensorial, aislamiento y otras técnicas de manipulación psicológica y física.

Los sujetos del Proyecto MKUltra incluían prisioneros, pacientes de hospitales psiquiátricos, adictos a las drogas, y personas que no sabían que estaban siendo sometidas a experimentos. Algunos experimentos incluso se llevaron a cabo en ciudadanos comunes, sin su conocimiento ni consentimiento.

Los métodos empleados en MKUltra fueron extremadamente diversos y, a menudo, brutales. Entre ellos se incluyen:

Administración de LSD: La CIA suministró LSD a sujetos para estudiar sus efectos en el comportamiento y la mente. Esto se hizo en entornos controlados y, a veces, en situaciones cotidianas para observar las reacciones no inducidas.

<u>Hipnosis</u>: Se utilizó para explorar la posibilidad de implantar recuerdos falsos y controlar el comportamiento de las personas bajo trance hipnótico.

<u>Privación Sensorial</u>: Los sujetos fueron sometidos a largos periodos de aislamiento y privación sensorial para estudiar los efectos en su estado mental.

<u>Electroshock y Radiación</u>: Los investigadores también probaron el uso de electroshock y radiación como medios para controlar la mente y alterar el comportamiento.

MKUltra se llevó a cabo en numerosas universidades, hospitales y centros de investigación en todo Estados Unidos y Canadá. El Dr. Sidney Gottlieb fue uno de los principales científicos detrás del programa, y se le conoce como "el químico en jefe" de la CIA durante este período.

El Proyecto MKUltra produjo numerosos informes y hallazgos, aunque muchos de los documentos oficiales fueron destruidos en 1973 por orden del entonces director de la CIA, Richard Helms. A pesar de la destrucción de gran parte de la documentación, se sabe que los experimentos con LSD no produjeron los resultados esperados y causaron daño psicológico a mumerosos pacientes.

Muchos de los sujetos de MKUltra sufrieron efectos adversos severos, incluyendo psicosis, daño cerebral y, en algunos casos, la muerte. El uso no ético de técnicas de control mental y la falta de consentimiento informado provocaron un daño duradero y una desconfianza generalizada en las prácticas de la CIA.

El Proyecto MKUltra fue expuesto al público en la década de 1970 gracias a investigaciones periodísticas y audiencias del Congreso de los Estados Unidos. En 1974, el New York Times publicó un artículo que revelaba la existencia de programas de experimentación secreta de la CIA, lo que llevó a una serie de investigaciones oficiales.

En 1975, el Comité Church del Senado de los Estados Unidos llevó a cabo una investigación sobre las actividades de la CIA, incluyendo MKUltra. Esta investigación reveló la extensión de las prácticas no éticas y llevó a reformas significativas en las políticas de la CIA y en la supervisión de las actividades de inteligencia.

6. Experimentos con Radiación en Cincinnati

Entre 1960 y 1971, un equipo de investigadores en el Hospital General de Cincinnati llevó a cabo una serie de experimentos con radiación en pacientes con cáncer. Estos estudios, financiados por el Departamento de Defensa de los Estados Unidos, tenían como objetivo investigar los efectos de la radiación en el tratamiento del cáncer y la resistencia a la radiación en el contexto de la guerra nuclear.

Durante la Guerra Fría, el temor a un ataque nuclear impulsó al Departamento de Defensa a explorar métodos para mejorar la supervivencia y el tratamiento de las personas expuestas a la radiación. Los experimentos en Cincinnati se enmarcaron en este contexto, con la intención de comprender mejor los efectos de la radiación en el cuerpo humano.

El principal objetivo de los experimentos era investigar los efectos de la radiación en pacientes con cáncer, tanto para evaluar posibles tratamientos como para entender cómo la radiación podría afectar a los soldados en un escenario de guerra nuclear. Los investigadores esperaban desarrollar protocolos para aumentar la resistencia a la radiación y mejorar las técnicas de tratamiento para los cánceres avanzados.

Los participantes en los experimentos eran pacientes con cáncer avanzado, la mayoría de los cuales eran de bajos recursos y afroamericanos. Muchos de ellos no fueron plenamente informados sobre la naturaleza y los riesgos de los experimentos. En varios casos, se les dijo que estaban recibiendo tratamientos para el cáncer, sin mencionar los verdaderos propósitos del estudio.

Los experimentos involucraron la administración de dosis significativas de radiación a los pacientes, en niveles mucho más altos que los utilizados en tratamientos estándar de radioterapia. Los procedimientos incluyeron:

<u>Radioterapia Total</u>: Administración de radiación en todo el cuerpo para estudiar sus efectos sistémicos.

<u>Radioterapia Parcial</u>: Focalización de la radiación en áreas específicas del cuerpo, particularmente en órganos como el hígado y los pulmones.

Se llevó a cabo una evaluación continua de los pacientes para observar los efectos inmediatos y a largo plazo de la exposición a la radiación.

El Hospital General de Cincinnati, junto con la Universidad de Cincinnati, fueron las principales instituciones involucradas en estos experimentos. El financiamiento y la supervisión provinieron en gran medida del Departamento de Defensa de los Estados Unidos.

Los experimentos proporcionaron datos sobre los efectos de la radiación en el cuerpo humano, incluyendo la respuesta de diferentes órganos y sistemas al daño por radiación. Sin embargo, los resultados no llevaron a avances significativos en el tratamiento del cáncer ni en la mejora de la resistencia a la radiación para fines militares.

Muchos de los pacientes sufrieron efectos adversos severos, incluyendo dolor, quemaduras por radiación, debilitamiento del sistema inmunológico y, en algunos casos, la muerte. Las dosis altas de radiación provocaron un sufrimiento considerable, exacerbando las condiciones preexistentes de los pacientes en lugar de proporcionarles alivio o cura.

Los detalles de los experimentos con radiación en Cincinnati no se hicieron públicos hasta la década de 1990, cuando los informes y testimonios de los participantes y sus familias comenzaron a atraer la atención de los medios y las autoridades. En 1994, el Presidente Bill Clinton ordenó la creación del Comité Asesor sobre Experimentos Humanos con Radiación para investigar estos y otros experimentos similares.

El Comité Asesor publicó un informe en 1995 que condenaba las prácticas utilizadas en los experimentos de Cincinnati. Este informe destacó la falta de consentimiento informado y las violaciones éticas cometidas. Como resultado, se implementaron nuevas regulaciones para proteger a los sujetos humanos en la investigación, incluyendo normas más estrictas para el consentimiento informado y la supervisión ética.

7. Experimentos con Gas Mostaza en Soldados

Durante la Segunda Guerra Mundial (1939-1945), los Estados Unidos llevaron a cabo una serie de experimentos con gas mostaza en soldados para estudiar sus efectos y desarrollar medidas de protección y tratamiento en caso de ataques químicos. Estos experimentos, realizados sin el consentimiento informado de los participantes, representaron graves violaciones éticas y dejaron secuelas físicas y psicológicas en muchos de los soldados involucrados.

El gas mostaza, también conocido como iperita, había sido utilizado durante la Primera Guerra Mundial (1914-1918), causando heridas dolorosas y debilitantes. Ante la posibilidad de su uso en la Segunda Guerra Mundial, el Departamento de Defensa de los Estados Unidos consideró vital investigar sus efectos en condiciones controladas.

El principal objetivo de los experimentos con gas mostaza era comprender cómo el agente químico afectaba a los seres humanos, identificar los mejores tratamientos para las quemaduras químicas y desarrollar ropa y equipos de protección eficaces. También se buscaba estudiar la resistencia de los soldados a diferentes concentraciones y condiciones de exposición.

Los participantes en estos experimentos eran soldados voluntarios que en muchos casos no fueron plenamente informados sobre los riesgos. A menudo se les decía que las pruebas eran de "gran importancia para la seguridad nacional" y que podrían ayudar a salvar vidas en el campo de batalla. La manipulación de la información y el engaño sobre la naturaleza de los experimentos fueron características destacadas de estas pruebas.

Procedimientos Experimentales:

Exposición Directa: Los soldados fueron expuestos al gas mostaza en cámaras de gas selladas, donde se observaban los efectos inmediatos y posteriores en su piel y sistemas respiratorios.

<u>Pruebas de Campo</u>: En algunos casos, los experimentos se realizaron en condiciones de campo abiertas, donde los soldados realizaban ejercicios físicos bajo la exposición de gas mostaza para simular condiciones de combate.

<u>Aplicación en la Piel</u>: En otros experimentos, pequeñas cantidades de gas mostaza líquido se aplicaban directamente sobre la piel de los soldados para estudiar las reacciones cutáneas y desarrollar tratamientos para las quemaduras químicas.

<u>Equipamiento y Protección</u>: Los experimentos también incluían pruebas de diferentes tipos de ropa y máscaras protectoras para evaluar su eficacia contra el gas mostaza.

Los experimentos fueron dirigidos principalmente por el Ejército de los Estados Unidos en instalaciones como el Campo de Pruebas Químicas Edgewood y el Campo de Entrenamiento Militar de Camp Sibert en Alabama. Otros laboratorios y centros de investigación también participaron en estas pruebas.

Los experimentos proporcionaron información valiosa sobre los efectos del gas mostaza en el cuerpo humano, incluyendo quemaduras químicas, daño respiratorio y efectos sistémicos. También se avanzó en el desarrollo de equipos de protección y tratamientos médicos para las víctimas de ataques químicos. Sin embargo, estos hallazgos científicos se obtuvieron a costa del sufrimiento de los soldados.

Muchos de los soldados expuestos al gas mostaza sufrieron quemaduras graves, cicatrices permanentes y problemas respiratorios crónicos. Además de los daños físicos, muchos experimentaron traumas psicológicos debido a la naturaleza dolorosa y peligrosa de los experimentos. La falta de consentimiento informado y la explotación de la confianza de los soldados representaron violaciones éticas significativas.

La mayoría de los detalles sobre los experimentos con gas mostaza permanecieron clasificados durante décadas. No fue hasta la década de 1990 que los documentos comenzaron a desclasificarse, y las historias de los veteranos que participaron en estos experimentos salieron a la luz. Las revelaciones provocaron indignación pública y llevaron a investigaciones adicionales.

A medida que se conocieron los detalles de los experimentos, hubo llamados a la rendición de cuentas y compensación para los veteranos afectados. En 1991, el Congreso de los Estados Unidos aprobó la Ley de Compensación para los Veteranos de Guerra Química, que otorgó beneficios a los veteranos que participaron en experimentos con gas mostaza y otros agentes químicos.

8.   Proyecto 4.1

El Proyecto 4.1 se desarrolló en un contexto de intensificación de las pruebas nucleares durante la Guerra Fría. La prueba "Castle Bravo", llevada a cabo el 1 de marzo de 1954, fue la detonación más poderosa realizada por los Estados Unidos en el Atolón Bikini, Islas Marshall. La explosión superó las expectativas en términos de potencia y liberación de radiación, afectando a los habitantes locales y a los tripulantes de barcos pesqueros cercanos. El Proyecto 4.1 se concibió para estudiar los efectos de esta exposición a la radiación en humanos.

En la década de 1950, en el marco de la Guerra Fría, Estados Unidos y la Unión Soviética estaban enfrascados en una carrera armamentista nuclear. Las Islas Marshall, bajo administración estadounidense tras la Segunda Guerra Mundial, se convirtieron en un sitio clave para las pruebas nucleares. La prueba "Castle Bravo" fue parte de la Operación Castle, una serie de pruebas de bombas de hidrógeno.

El objetivo declarado del Proyecto 4.1 era estudiar los efectos médicos y biológicos de la exposición a la radiación en los habitantes de las islas cercanas al sitio de la prueba nuclear. Los investigadores buscaban obtener datos que pudieran ayudar a entender mejor los efectos de la radiación en la salud humana, para mejorar las respuestas médicas en caso de una guerra nuclear.

Los sujetos del Proyecto 4.1 eran principalmente los habitantes del Atolón Rongelap y el Atolón Utirik, quienes estuvieron expuestos a altos niveles de radiación después de la prueba "Castle Bravo". Aproximadamente 82 residentes de Rongelap y 157 de Utirik fueron evaluados. La selección no fue voluntaria y los participantes no fueron plenamente notificados sobre la naturaleza y los riesgos del estudio.

Procedimientos Experimentales:

<u>Evaluaciones Médicas Iniciales</u>: Inmediatamente después de la prueba, los residentes fueron evacuados y sometidos a exámenes médicos para evaluar los efectos inmediatos de la radiación. Estos exámenes incluyeron pruebas de sangre, biopsias de piel y monitoreo de síntomas agudos como quemaduras y náuseas.

<u>Seguimiento a Largo Plazo</u>: Los estudios continuaron durante décadas, con evaluaciones periódicas para monitorear efectos a largo plazo como cáncer, enfermedades tiroideas y otros problemas de salud crónicos.

<u>Recolección de Datos Biológicos:</u> Los investigadores recolectaron muestras de sangre, orina y tejidos para análisis detallados de los efectos de la radiación en los sistemas biológicos.

El Proyecto 4.1 fue conducido principalmente por el Departamento de Defensa de los Estados Unidos y la Comisión de Energía Atómica (AEC). También participaron instituciones médicas y de investigación, incluyendo la Universidad de California y el Laboratorio Nacional de Brookhaven.

Los estudios iniciales y de seguimiento revelaron que la exposición a la radiación causó una serie de efectos adversos en la salud, incluyendo:

Síntomas agudos de radiación: Quemaduras en la piel, pérdida de cabello, náuseas y vómitos.

Enfermedades tiroideas: Elevada incidencia de hipotiroidismo y cáncer de tiroides debido a la exposición a yodo radiactivo.

Cáncer: Aumento en la incidencia de varios tipos de cáncer, incluyendo leucemia y cáncer de piel.

Efectos genéticos: Riesgos potenciales de malformaciones congénitas y otras anomalías en las generaciones futuras.

Los residentes de las Islas Marshall sufrieron significativamente debido a su exposición a la radiación. Muchos desarrollaron enfermedades graves y crónicas, y la mortalidad por cáncer se incrementó notablemente. La dislocación forzada y la pérdida de sus hogares tradicionales también tuvieron un impacto profundo en la cultura y el bienestar de las comunidades afectadas.

El Proyecto 4.1 y sus detalles no se hicieron públicos de inmediato. Fue en la década de 1980 y 1990 cuando la información comenzó a salir a la luz, impulsada por las demandas de transparencia y justicia por parte de los residentes de las Islas Marshall y activistas de derechos humanos.

La revelación del Proyecto 4.1 llevó a críticas significativas y a una reevaluación de los estándares éticos en la investigación. En 1986, Estados Unidos firmó el Acuerdo de Libre Asociación con las Islas Marshall, que incluía compensaciones y el establecimiento del Programa de Salud de las Islas Marshall para brindar atención médica continua a las personas afectadas por las pruebas nucleares.

9.   Experimentos de la Corteza Prefrontal de Yale

La década de 1960 fue un periodo de gran avance en el campo de la neurociencia, con científicos explorando nuevas fronteras en la comprensión del cerebro humano. En este contexto, los experimentos realizados por el Dr. José Delgado en la Universidad de Yale se destacaron por su audacia y por las preguntas éticas que plantearon sobre la manipulación del comportamiento humano mediante la estimulación cerebral.

Los años 60 fueron testigos de un creciente interés en las funciones cerebrales y en cómo la manipulación de ciertas áreas del cerebro podría influir en el comportamiento. La corteza prefrontal, conocida por su papel en funciones ejecutivas, toma de decisiones y control del comportamiento social, se convirtió en un foco de investigación.

El principal objetivo de los experimentos de Delgado era entender cómo la estimulación eléctrica de la corteza prefrontal podría alterar el comportamiento y las emociones humanas. A largo plazo, esperaba que estos estudios pudieran conducir a nuevas formas de tratar enfermedades mentales y de controlar comportamientos desviantes.

Los participantes en estos estudios incluían tanto animales (principalmente primates) como seres humanos. En el caso de los humanos, los participantes eran en su mayoría pacientes psiquiátricos que habían dado su consentimiento, aunque el nivel de información proporcionada y la naturaleza del consentimiento han sido objeto de debate.

Procedimientos Experimentales:

Implantación de Electrodos: Delgado desarrolló dispositivos conocidos como "estimuladores cerebrales" que se implantaban en la corteza prefrontal. Estos electrodos podían ser controlados remotamente para estimular áreas específicas del cerebro.

Estimulación Controlada: Los experimentos involucraban la aplicación de corrientes eléctricas a través de los electrodos implantados para observar cambios en el comportamiento, las emociones y las respuestas fisiológicas.

Observación y Registro: Los cambios en los sujetos se registraban meticulosamente, incluyendo alteraciones en el estado de ánimo, agresividad, docilidad y otras respuestas conductuales.

Los experimentos fueron llevados a cabo en el Departamento de Neurofisiología de la Universidad de Yale, bajo la supervisión directa del Dr. José Delgado y su equipo de investigadores.

Los experimentos de Delgado proporcionaron varias ideas sobre el funcionamiento de la corteza prefrontal y su influencia en el comportamiento:

<u>Modulación del Comportamiento</u>: La estimulación de ciertas áreas de la corteza prefrontal pudo inducir cambios significativos en el comportamiento, como la reducción de la agresividad o la inducción de estados de euforia.

<u>Control Remoto del Comportamiento</u>: Los experimentos demostraron la posibilidad de controlar el comportamiento de los sujetos a través de la estimulación eléctrica, abriendo debates sobre las aplicaciones y las implicaciones éticas de esta tecnología.

<u>Aplicaciones Terapéuticas Potenciales</u>: Se sugirió que estas técnicas podrían tener aplicaciones en el tratamiento de trastornos psiquiátricos, aunque los riesgos y las limitaciones eran evidentes.

Los experimentos tuvieron impactos variados en los participantes humanos, desde mejoras temporales en el estado de ánimo hasta efectos adversos como ansiedad y disforia. Los primates utilizados en los estudios mostraron cambios de comportamiento significativos, aunque estos también plantearon cuestiones éticas sobre el bienestar animal.

Los detalles de estos experimentos fueron publicados en varios artículos científicos durante los años 60, atrayendo tanto elogios por sus innovaciones como críticas por sus implicaciones éticas. Con el paso del tiempo, el escrutinio ético y los cambios en las normativas de investigación condujeron a una disminución de este tipo de estudios invasivos.

Los experimentos de Delgado plantearon importantes preguntas éticas sobre la manipulación del comportamiento humano. Las preocupaciones incluyeron la posibilidad de abuso de la tecnología para el control social y la falta de consentimiento plenamente informado de los participantes. Estos estudios contribuyeron a la evolución de las regulaciones éticas en la investigación, enfatizando la necesidad de proteger los derechos y el bienestar de los sujetos humanos.

10. El Estudio Willowbrook

El Estudio Willowbrook se llevó a cabo en un contexto de creciente interés en la investigación médica sobre enfermedades infecciosas y la búsqueda de tratamientos eficaces. Sin embargo, el estudio ha sido ampliamente criticado por sus prácticas éticas y su impacto en los participantes, que eran niños con discapacidades intelectuales que vivían en una institución estatal.

La Institución Estatal de Willowbrook, ubicada en Staten Island -Nueva York- y establecida en 1947, era un hogar para niños con discapacidades intelectuales. Durante los años 50 y 60, la hepatitis era una preocupación creciente en el ámbito médico, con brotes recurrentes en instituciones similares. En respuesta, se diseñó el Estudio Willowbrook para investigar la hepatitis y desarrollar una vacuna, pero sus métodos pronto se convirtieron en el centro de controversia.

El objetivo principal del Estudio Willowbrook era estudiar el curso y la prevención de la hepatitis viral, particularmente la hepatitis A y B. Se buscaba entender cómo se propagaba la enfermedad en entornos institucionales y evaluar la eficacia de una vacuna experimental.

Los participantes en el estudio eran niños con discapacidades intelectuales que residían en Willowbrook. A menudo, las familias de estos niños no estaban completamente informadas sobre la naturaleza de los estudios y el nivel de riesgo involucrado. La selección no fue completamente voluntaria, y las opciones para rechazar la participación eran limitadas.

Procedimientos Experimentales:

Infección Intencional: Uno de los aspectos más controvertidos del estudio fue la inoculación intencional de hepatitis en los niños para observar la progresión de la enfermedad y probar la eficacia de una vacuna experimental. Los investigadores inyectaban virus de hepatitis a los niños y observaban el desarrollo de la enfermedad.

Observación y Monitoreo: Los niños eran monitoreados de cerca para documentar los síntomas, la progresión de la enfermedad y las respuestas a la vacuna. Se realizaban exámenes regulares y se recolectaban muestras para análisis.

Tratamiento y Vacunación: Además de la inoculación, el estudio incluía intentos de tratamiento y vacunación para evaluar su eficacia en la prevención y el control de la hepatitis.

El estudio fue dirigido por el Dr. Saul Krugman y su equipo en las instalaciones de Willowbrook, en colaboración con varias instituciones médicas y universidades, incluyendo la Universidad de Nueva York y el Hospital de la Universidad de Nueva York.

El Estudio Willowbrook proporcionó información sobre la propagación y el tratamiento de la hepatitis en entornos institucionales:

<u>Patrones de Transmisión</u>: Los investigadores confirmaron que la hepatitis A y B se propagaban fácilmente en entornos con alta densidad de población y condiciones de vida deficientes.

<u>Desarrollo de Vacunas</u>: El estudio contribuyó al desarrollo de una vacuna efectiva contra la hepatitis A, que más tarde se convirtió en un importante recurso para la prevención de la enfermedad.

<u>Características de la Hepatitis</u>: Se documentaron las características clínicas de la hepatitis en una población vulnerable, lo que ayudó a mejorar el conocimiento sobre la enfermedad.

Los niños involucrados en el estudio sufrieron las consecuencias directas de la infección y las complicaciones asociadas con la hepatitis. Muchos experimentaron efectos adversos graves, incluyendo enfermedad prolongada, complicaciones hepáticas y sufrimiento físico. Las prácticas del estudio generaron preocupaciones significativas sobre el bienestar y los derechos de los participantes.

En la década de 1970, el Estudio Willowbrook fue objeto de investigaciones periodísticas y escrutinio público. En particular, la periodista Geraldo Rivera expuso las condiciones inhumanas en la Institución Willowbrook en su informe televisivo de 1972, lo que llevó a una mayor conciencia pública y a la eventual interrupción del estudio.

El Estudio Willowbrook provocó un debate intenso sobre la ética en la investigación médica y el tratamiento de personas con discapacidades. Las revelaciones llevaron a una reevaluación de las normas de consentimiento informado y la protección de los sujetos de investigación.

11. Experimentos de SIDA en Niños Huérfanos

En la década de 1980, el VIH/SIDA se había convertido en una epidemia global, y los esfuerzos para encontrar tratamientos efectivos eran intensos. En Nueva York, como en muchas otras ciudades, los centros médicos y las instituciones de investigación se enfrentaron al desafío de desarrollar terapias para una enfermedad que aún estaba mal comprendida. Entre los estudios realizados, algunos involucraron a niños huérfanos que vivían en instituciones de cuidado.

El objetivo principal de estos experimentos era evaluar la eficacia y seguridad de tratamientos experimentales para el VIH/SIDA en una población infantil. Los estudios buscaban comprender cómo los tratamientos influían en la progresión de la enfermedad y sus efectos secundarios en un grupo de pacientes con características específicas.

Los participantes en estos estudios eran principalmente niños huérfanos que residían en instituciones de cuidado en Nueva York. Estos niños, a menudo en condiciones de salud precarias debido a su situación, fueron seleccionados para los experimentos debido a su alta vulnerabilidad al VIH/SIDA. La selección de los participantes y la obtención de consentimiento fueron problemáticas, ya que muchos de los niños estaban en instituciones y sus familias biológicas no estaban presentes para proporcionar un consentimiento informado adecuado.

<u>Tratamientos Experimentales</u>: Los estudios involucraban la administración de medicamentos y terapias experimentales para el VIH/SIDA. Estos tratamientos estaban en fases de prueba y no estaban aprobados para uso general.

<u>Monitoreo y Evaluación</u>: Los niños eran monitoreados de cerca para evaluar la eficacia del tratamiento y los efectos secundarios. Se realizaban exámenes médicos regulares, y se recolectaban muestras de sangre y otros fluidos corporales.

<u>Documentación y Reportes</u>: Los datos sobre la progresión de la enfermedad y la respuesta a los tratamientos eran cuidadosamente documentados. Estos informes se utilizaban para evaluar el impacto de los tratamientos y ajustar los protocolos.

Los experimentos se llevaron a cabo en varias instituciones y hospitales de Nueva York, incluidos el Hospital Infantil de Nueva York, el Hospital Bellevue y otros centros de investigación especializados en enfermedades infecciosas y pediatría.

Algunos de los tratamientos evaluados mostraron promesas en la reducción de la carga viral y la mejora de la salud general de los pacientes.

Los estudios también revelaron una serie de efectos secundarios asociados con los tratamientos, que incluían reacciones adversas graves y problemas de tolerancia a largo plazo.

Los datos ayudaron a entender cómo el VIH/SIDA progresaba en niños y cómo las terapias experimentales podían modificar esa progresión.

El impacto en los niños huérfanos fue significativo. Muchos de los participantes experimentaron efectos adversos graves debido a los tratamientos experimentales. La falta de consentimiento informado y la vulnerabilidad de los niños plantearon serias cuestiones éticas y de derechos humanos.

La naturaleza controvertida de estos estudios se hizo más evidente a medida que se dieron a conocer las prácticas de investigación. Las críticas públicas y los informes de activistas y periodistas llevaron a una revisión de los métodos de investigación y a una mayor presión para mejorar las prácticas éticas.

12. Experimentos de Electroshock en Niños

Durante las décadas de 1940 a 1960, el tratamiento de electroshock (o terapia electroconvulsiva, TEC) se utilizó ampliamente en niños para tratar diversas condiciones psiquiátricas. Aunque esta práctica fue promovida por algunos como un avance terapéutico, hoy se considera una de las prácticas más controvertidas en la historia de la psiquiatría infantil.

La TEC fue introducida en la década de 1930 por los psiquiatras italianos Ugo Cerletti y Lucio Bini. En sus inicios, la TEC se utilizaba principalmente en adultos para tratar la esquizofrenia y la depresión severa. Sin embargo, durante las décadas de 1940 y 1950, algunos psiquiatras comenzaron a aplicar esta técnica a niños que presentaban trastornos psiquiátricos, bajo la premisa de que podría ser igualmente beneficiosa para esta población más joven.

El principal objetivo de la aplicación de TEC en niños era tratar condiciones psiquiátricas como la esquizofrenia, el autismo, la depresión severa y otros trastornos conductuales graves. Los médicos esperaban que la TEC pudiera reducir los síntomas severos y mejorar la calidad de vida de estos niños.

Los niños que fueron sometidos a TEC eran generalmente pacientes en hospitales psiquiátricos o instituciones para niños con discapacidades mentales. Muchos de estos niños provenían de entornos vulnerables, y en muchos casos, los padres o tutores legales dieron su consentimiento bajo la presión de los médicos, quienes aseguraban que la TEC era un tratamiento efectivo.

Procedimientos Experimentales:

<u>Aplicación de Descargas Eléctricas</u>: La TEC involucraba la aplicación de corrientes eléctricas a través del cerebro para inducir convulsiones. En los niños, las sesiones variaban en frecuencia e intensidad, adaptándose según la respuesta del paciente.

<u>Monitoreo de Respuestas</u>: Los médicos observaban las respuestas físicas y emocionales de los niños durante y después de las sesiones de TEC. Los efectos secundarios eran comunes e incluían confusión, pérdida de memoria y cambios en el comportamiento.

<u>Documentación de Resultados</u>: Los resultados y las observaciones se documentaban meticulosamente. Sin embargo, la falta de estándares éticos y de seguimiento a largo plazo hace que estos registros sean cuestionables en términos de su rigor y objetividad.

Los experimentos de electroshock en niños se llevaron a cabo en diversas instituciones psiquiátricas y hospitales en Estados Unidos y Europa. Entre estas instituciones destacaban el Hospital Estatal de Bellevue en Nueva York y varios hospitales psiquiátricos en el Reino Unido.

Los hallazgos científicos de estos estudios fueron mixtos y a menudo contradictorios:

<u>Mejoras Temporales</u>: En algunos casos, los médicos reportaron mejoras temporales en los síntomas psiquiátricos de los niños, como una reducción en la agresividad o la mejora en el estado de ánimo.

<u>Efectos Secundarios Adversos</u>: Los efectos secundarios negativos fueron comunes y a menudo severos. Los niños experimentaron pérdida de memoria, confusión, y en algunos casos, un empeoramiento de los síntomas psiquiátricos.

<u>Falta de Evidencia a Largo Plazo</u>: La falta de estudios a largo plazo y la ausencia de seguimiento adecuado limitan la validez de los resultados positivos reportados.

El impacto de la TEC en los niños fue significativo y, en muchos casos, perjudicial. Los efectos a corto plazo incluían confusión, dolor de cabeza y cambios de comportamiento. A largo plazo, algunos niños experimentaron deterioro cognitivo y emocional. La experiencia de ser sometido a TEC también tuvo un profundo impacto psicológico en muchos niños.

A medida que avanzaba el conocimiento sobre los efectos de la TEC y aumentaba la conciencia sobre los derechos de los pacientes, el uso de electroshock en niños comenzó a ser seriamente cuestionado. En las décadas de 1960 y 1970, las críticas crecientes y los avances en la farmacoterapia llevaron a una disminución significativa en el uso de la TEC en la psiquiatría infantil.

13. Programa de Esterilización Forzada en Estados Unidos

Entre 1907 y 1979, Estados Unidos implementó un programa de esterilización forzada dirigido a personas consideradas "no aptas" para reproducirse. Este programa, basado en principios de la eugenesia, buscaba mejorar la calidad genética de la población. Las prácticas de esterilización forzada afectaron a decenas de miles de personas, incluyendo minorías raciales, personas con discapacidades y otros grupos vulnerables.

El movimiento eugenésico en Estados Unidos surgió a finales del siglo XIX y principios del XX, influenciado por las teorías de mejora genética y selección natural. Prominentes científicos y líderes sociales promovieron la idea de que la humanidad podría mejorar limitando la reproducción de aquellos considerados "débiles" o "defectuosos".

Indiana fue el primer estado en aprobar una ley de esterilización en 1907. La ley permitía la esterilización de personas en instituciones mentales y penitenciarias. Pronto, otros estados siguieron el ejemplo, y para la década de 1930, más de 30 estados habían aprobado leyes similares.

Las personas seleccionadas para la esterilización forzada incluían aquellas en instituciones para discapacitados mentales y físicos, prisioneros y, en muchos casos, personas pobres y de minorías étnicas. Los criterios para la esterilización variaban según el estado y la institución, pero comúnmente incluían diagnósticos de "imbecilidad", "idiotez", "locura", "criminalidad" y "debilidad mental".

La esterilización forzada se realizaba mediante procedimientos quirúrgicos como la ligadura de trompas en mujeres y la vasectomía en hombres. Estos procedimientos se realizaban sin el consentimiento informado de los sujetos, y a menudo sin su conocimiento previo.

Las esterilizaciones se llevaron a cabo en una variedad de instituciones, incluyendo hospitales psiquiátricos, reformatorios, prisiones y hospitales públicos. Los médicos y administradores de estas instituciones jugaban un papel clave en la identificación y la ejecución de las esterilizaciones.

Se estima que alrededor de 60,000 a 70,000 personas fueron esterilizadas forzosamente en Estados Unidos durante el programa. California, Carolina del Norte y Virginia fueron algunos de los estados con los números más altos de esterilizaciones.

Las víctimas de la esterilización forzada sufrieron no solo la pérdida de su capacidad reproductiva, sino también un trauma psicológico significativo. Muchos enfrentaron estigmatización social, y sus derechos humanos y dignidad fueron gravemente violados.

El programa de esterilización forzada reflejaba y reforzaba las actitudes discriminatorias y racistas de la sociedad estadounidense. Los grupos más afectados incluían minorías étnicas, como afroamericanos, latinos e indígenas, así como personas con discapacidades y problemas de salud mental.

A partir de la década de 1960, el movimiento de derechos civiles y la creciente conciencia sobre los derechos humanos comenzaron a cuestionar y oponerse a las prácticas de esterilización forzada. Los cambios en la legislación y las políticas públicas, así como una mayor protección de los derechos individuales, llevaron a la disminución y eventual finalización del programa.

El caso judicial más destacado relacionado con la esterilización forzada es Buck v. Bell (1927), en el cual la Corte Suprema de los Estados Unidos ratificó la constitucionalidad de las leyes de esterilización forzada. La decisión de la Corte, escrita por el juez Oliver Wendell Holmes Jr., declaró infamemente: "Tres generaciones de imbéciles son suficientes". Este fallo legitimó la práctica durante décadas.

En las décadas recientes, algunos estados han reconocido oficialmente las injusticias cometidas durante el programa de esterilización forzada. Estados como Virginia, Carolina del Norte y California han emitido disculpas oficiales y han establecido programas de compensación para las víctimas sobrevivientes.

14. Experimentos de privación del Sueño

Durante la década de 1960, los experimentos de privación del sueño se realizaron ampliamente para comprender los efectos del sueño en la salud mental y física. Estos estudios, llevados a cabo en diversas instituciones de investigación, buscaban explorar cómo la falta de sueño afectaba el comportamiento, el rendimiento cognitivo y el bienestar general de los sujetos.

A mediados del siglo XX se dio una intensa investigación científica y médica. Los avances en tecnología y metodología permitieron a los investigadores estudiar el sueño de manera más precisa. La privación del sueño, en particular, se convirtió en un área de interés debido a sus implicaciones potenciales en el rendimiento humano, la salud mental y la fisiología.

Los principales objetivos de los experimentos de privación del sueño eran:

Comprender los efectos fisiológicos: Examinar cómo la falta de sueño afecta el cuerpo, incluidos los sistemas cardiovascular, inmunológico y endocrino.

Evaluar el impacto cognitivo: Estudiar cómo la privación del sueño influye en las funciones cognitivas como la memoria, la atención, la toma de decisiones y el tiempo de reacción.

<u>Explorar las consecuencias psicológicas</u>: Analizar los efectos de la privación del sueño en el estado de ánimo, el comportamiento y la salud mental.

Los participantes en estos estudios eran generalmente voluntarios, incluidos estudiantes universitarios y personal militar. A menudo, se seleccionaban personas jóvenes y saludables para minimizar los riesgos asociados con la privación del sueño.

Procedimientos Experimentales:

<u>Privación Total del Sueño</u>: En algunos experimentos, los sujetos fueron mantenidos despiertos durante períodos prolongados, que iban desde 24 horas hasta varios días consecutivos.

<u>Privación Parcial del Sueño</u>: Otros estudios limitaron la cantidad de sueño que los sujetos podían tener cada noche, reduciéndolo a pocas horas durante un período extendido.

<u>Monitoreo y Evaluación</u>: Durante los experimentos, los sujetos eran monitoreados continuamente para evaluar sus respuestas fisiológicas, cognitivas y emocionales. Se utilizaban diversos métodos, incluyendo pruebas neuropsicológicas, electroencefalogramas (EEG) y observaciones conductuales.

Estos experimentos se llevaron a cabo en una variedad de instituciones académicas y militares. Entre las más destacadas se encontraban universidades de renombre y centros de investigación militar que buscaban comprender mejor cómo la privación del sueño afectaba el rendimiento de los soldados.

Hallazgos Científicos:

<u>Efectos Fisiológicos</u>: La privación del sueño resultó en una serie de cambios fisiológicos, incluidos aumentos en la presión arterial, la frecuencia cardíaca y niveles elevados de hormonas del estrés como el cortisol.

<u>Impacto Cognitivo</u>: Los estudios demostraron que la falta de sueño deterioraba significativamente las funciones cognitivas. Los sujetos mostraron una disminución en la atención, el tiempo de reacción y la capacidad de tomar decisiones, además de problemas de memoria a corto plazo.

<u>Consecuencias Psicológicas</u>: La privación del sueño tuvo un impacto negativo en el estado de ánimo y el comportamiento. Los sujetos experimentaron irritabilidad, ansiedad, depresión y, en casos extremos, alucinaciones y delirios.

Los efectos de la privación del sueño en los participantes fueron profundos. A corto plazo, los sujetos experimentaron fatiga extrema, desorientación y deterioro en el rendimiento. A largo plazo, algunos estudios sugirieron que la privación crónica del sueño podría tener efectos duraderos en la salud mental y física.

Una de las principales controversias éticas de estos experimentos fue la cuestión del consentimiento informado. En algunos casos, los participantes no fueron completamente informados sobre los riesgos potenciales de la privación del sueño, lo que plantea serias preocupaciones éticas sobre su bienestar.

Los riesgos asociados con la ausencia de un buen descansar son significativos. La falta de sueño puede provocar deterioro cognitivo severo, problemas cardiovasculares y trastornos mentales. La exposición de los participantes a estos riesgos sin medidas de mitigación adecuadas fue otro punto de crítica.

El bienestar de los participantes fue a menudo comprometido en estos estudios. Los efectos negativos de la privación del sueño, tanto a corto como a largo plazo, plantearon preguntas sobre la ética de someter a los sujetos a tales condiciones extremas.

A medida que avanzaba la ciencia del sueño, los investigadores comenzaron a reconocer los riesgos y las limitaciones éticas de estos experimentos. Los estudios posteriores se realizaron con mayor énfasis en la ética y el consentimiento informado, y se desarrollaron métodos menos invasivos para estudiar el sueño.

A pesar de las controversias, los experimentos de privación del sueño de la década de 1960 hicieron contribuciones significativas a la comprensión científica del sueño. Estos estudios ayudaron a establecer su importancia para la salud mental y física y fomentaron el desarrollo de la neurociencia del sueño como un campo de estudio legítimo.

15. El Estudio del Síndrome de Down en Instituciones

El Síndrome de Down, una condición genética causada por la presencia de una copia extra del cromosoma 21, ha sido objeto de estudio científico durante muchas décadas. Durante las décadas de 1960 y 1970, varios estudios se centraron en personas con Síndrome de Down que vivían en instituciones. Estos estudios tenían como objetivo entender mejor las características médicas, psicológicas y sociales del síndrome, pero también suscitaron controversias éticas debido al trato de los participantes y las condiciones en las que se realizaron.

Durante gran parte del siglo XX, las personas con discapacidades intelectuales, incluidas aquellas con Síndrome de Down, fueron a menudo institucionalizadas. Las instituciones eran vistas como lugares donde estas personas podían recibir cuidado y protección. Sin embargo, las condiciones en muchos de estos establecimientos eran deplorables, y los residentes a menudo sufrían abuso y negligencia.

En las décadas antes señaladas, el interés científico en el Síndrome de Down creció significativamente. Los avances en la genética y la medicina impulsaron estudios destinados a comprender mejor la biología y el desarrollo de las personas con esta condición. Las instituciones, donde vivían grandes grupos de personas con Síndrome de Down, se convirtieron en lugares convenientes para realizar esta investigación. A menudo, estos estudios incluían a niños y adultos jóvenes que habían sido institucionalizados desde una edad temprana.

Los estudios variaban ampliamente en su enfoque y metodología, pero comúnmente incluían:

<u>Evaluaciones Médicas</u>: Exámenes físicos detallados para documentar las características médicas y físicas asociadas con el Síndrome de Down.

<u>Pruebas Psicológicas</u>: Evaluaciones cognitivas y de comportamiento para entender el desarrollo intelectual y emocional de los participantes.

<u>Estudios Genéticos</u>: Análisis cromosómicos y genéticos para investigar las causas y características del Síndrome de Down.

Numerosas instituciones en Estados Unidos y Europa participaron en estos estudios. Entre las más destacadas estaban las grandes instituciones psiquiátricas y centros de investigación en universidades.

Los estudios ayudaron a identificar muchas de las características físicas y médicas asociadas con el Síndrome de Down, como la predisposición a enfermedades cardíacas congénitas, problemas gastrointestinales y condiciones endocrinas.

Las evaluaciones psicológicas mostraron una amplia variabilidad en el desarrollo intelectual y habilidades adaptativas de las personas con Síndrome de Down, desafiando la idea de que todas las personas con la condición tienen niveles similares de discapacidad.

A su vez, los estudios genéticos confirmaron que el Síndrome de Down es causado por una trisomía del cromosoma 21, lo que llevó a una mejor comprensión de la biología de la condición.

Si bien los estudios proporcionaron información valiosa, los participantes a menudo sufrieron debido a las condiciones de vida en las instituciones y la falta de consentimiento informado adecuado. Las evaluaciones médicas y psicológicas a veces eran invasivas y estresantes, y los resultados de la investigación rara vez beneficiaban directamente a los participantes.

Una de las principales preocupaciones éticas era la falta de consentimiento informado. Muchos de los participantes no podían comprender completamente la naturaleza y los riesgos de los estudios debido a su discapacidad intelectual, y en muchos casos, los consentimientos eran otorgados por administradores institucionales sin la debida consideración de los derechos de los individuos.

Las condiciones en muchas instituciones eran inadecuadas y a menudo inhumanas. Los residentes sufrían de hacinamiento, mala higiene y atención médica deficiente. La investigación en estos entornos planteaba serias cuestiones éticas sobre el trato de los sujetos de estudio.

Los resultados de los estudios a menudo eran utilizados para avanzar en carreras académicas y científicas, sin un beneficio claro para los participantes. La deshumanización de las personas con Síndrome de Down como meros objetos de estudio fue una crítica frecuente.

A partir de la década de 1970, el movimiento por los derechos de las personas con discapacidades comenzó a ganar impulso. La crítica creciente de las condiciones institucionales y el trato de las personas con discapacidades llevó a reformas significativas en la política y la práctica.

Los estándares éticos en la investigación se volvieron más estrictos, con un mayor énfasis en el consentimiento informado y la protección de los derechos de los participantes. La investigación comenzó a centrarse más en la inclusión y la participación de las personas con discapacidades en la sociedad.

A pesar de las controversias, los estudios de la década de 1960 y 1970 proporcionaron información valiosa que ayudó a mejorar la comprensión y el tratamiento del Síndrome de Down. Los hallazgos sobre las características médicas, el desarrollo cognitivo y la genética de la condición siguen siendo relevantes hoy en día.

16. Los Experimentos de Prisión de Stanford

El Experimento de la Prisión de Stanford, llevado a cabo en 1971 por el psicólogo Philip Zimbardo, es uno de los estudios más conocidos y controvertidos en la historia de la psicología social. Este experimento, que pretendía investigar los efectos psicológicos del encarcelamiento (ficticio), se convirtió rápidamente en un ejemplo de cómo las circunstancias y los roles pueden influir en el comportamiento humano.

A lo largo de seis días, el experimento demostró cómo individuos pueden adoptar comportamientos extremos cuando están en un ambiente de poder y sumisión. Aunque el estudio proporcionó valiosas ideas sobre la psicología del poder y la autoridad, también suscitó profundas cuestiones éticas sobre la responsabilidad del investigador y el bienestar de los participantes.

En la década de 1960 y principios de 1970, la psicología social estaba cada vez más interesada en cómo los roles sociales y las situaciones influían en el comportamiento humano. Estudios como el de la obediencia de Stanley Milgram en 1963 demostraron cómo la autoridad puede llevar a la gente a actuar en contra de sus principios morales.

Philip Zimbardo, un psicólogo de la Universidad de Stanford, quería explorar más a fondo cómo las situaciones extremas pueden cambiar el comportamiento humano. Inspirado por los disturbios en las prisiones y el creciente interés en la psicología del encarcelamiento, Zimbardo diseñó un experimento para simular las condiciones de una prisión y observar cómo los participantes se comportaban cuando se les asignaban roles de guardias o prisioneros.

El experimento reclutó a 24 estudiantes universitarios varones a través de anuncios en el periódico, ofreciéndoles una compensación por participar. Los participantes fueron seleccionados por su estabilidad psicológica y física, y se dividieron aleatoriamente en dos grupos: guardias y prisioneros.

El sótano del edificio de psicología de Stanford fue convertido en una prisión simulada. Las celdas fueron construidas, y se establecieron áreas para los guardias y espacios de observación. Los prisioneros fueron arrestados por policías reales (en colaboración con la universidad) en sus hogares sin previo aviso y llevados a la prisión simulada, donde fueron sometidos a un procedimiento de admisión que incluía ser despojados de su ropa, desinfectados y vestidos con uniformes de prisioneros.

Roles y Procedimientos:

Guardias: Los guardias recibieron uniformes, gafas de sol reflectantes y porras, y se les instruyó que mantuvieran el orden sin usar violencia física. Se les dio una autoridad considerable sobre los prisioneros y se les animó a desarrollar sus propios procedimientos para mantener el control.

Prisioneros: Los prisioneros fueron asignados a celdas y se les dio números en lugar de nombres. Se les sometió a reglas estrictas y un régimen diario controlado por los guardias.

El experimento fue programado para durar dos semanas, con observaciones continuas y grabaciones de video para documentar el comportamiento de los participantes.

El experimento, que se suponía duraría dos semanas, fue interrumpido después de solo seis días debido al comportamiento extremo que emergió:

<u>Guardias:</u> Algunos guardias comenzaron a mostrar comportamientos sádicos y abusivos. Implementaron castigos arbitrarios, humillaron a los prisioneros y ejercieron su poder de manera opresiva.

<u>Prisioneros:</u> Los prisioneros comenzaron a mostrar signos de estrés severo, ansiedad y desesperación. Algunos se rebelaron, mientras que otros se sometieron pasivamente a los abusos.

El experimento mostró cómo personas ordinarias pueden adoptar comportamientos extremos bajo ciertas circunstancias. La adopción rápida de roles y la despersonalización de los prisioneros y guardias destacaron la influencia del contexto social y las estructuras de poder en el comportamiento humano.

Aunque los participantes dieron su consentimiento para participar, muchos críticos argumentan que no estaban plenamente conscientes de la naturaleza y los posibles riesgos del experimento. La falta de preparación para los extremos psicológicos que experimentaron plantea serias preocupaciones éticas.

Philip Zimbardo, quien actuó como superintendente de la prisión simulada, no intervino adecuadamente cuando los guardias comenzaron a abusar de su poder. La falta de intervención temprana para proteger el bienestar de los participantes fue un punto de crítica significativa.

El impacto psicológico negativo en los participantes fue considerable. Algunos prisioneros experimentaron crisis emocionales y estrés severo, lo que llevó a la terminación anticipada del experimento. Las condiciones creadas en el estudio fueron consideradas inhumanas por muchos críticos.

El experimento fue interrumpido después de seis días, en gran parte debido a la intervención de Christina Maslach, una colega de Zimbardo, quien expresó preocupaciones sobre la ética y el bienestar de los participantes. Su reacción ayudó a Zimbardo a reconocer la gravedad de la situación y a terminar el estudio prematuramente.

El experimento recibió una atención considerable de los medios y la comunidad académica. Mientras que algunos elogiaron los hallazgos por proporcionar una visión profunda del comportamiento humano bajo estrés, otros criticaron duramente los métodos y la ética del estudio.

El Experimento de la Prisión de Stanford ha sido fundamental para la comprensión de la psicología de los roles sociales y el poder. Los hallazgos han sido aplicados en estudios sobre abuso de poder, comportamiento en instituciones y situaciones de crisis.

La controversia ética del experimento ha llevado a una mayor regulación y supervisión de la investigación psicológica. Se han implementado normas más estrictas sobre el consentimiento informado, la intervención del investigador y la protección del bienestar de los participantes.

El experimento ha inspirado numerosos libros, documentales y películas, y sigue siendo un punto de referencia en debates sobre la ética en la investigación y la naturaleza del comportamiento humano.

17. Los Estudios de Malaria en Prisioneros de Chicago

En la década de 1940, los estudios de malaria en prisioneros de la prisión estatal de Illinois en Chicago representaron un esfuerzo significativo para combatir la malaria durante la Segunda Guerra Mundial. Estos estudios, realizados bajo la supervisión del Dr. Alf Alving y otros investigadores, involucraron la infección deliberada de prisioneros con malaria para probar la eficacia de nuevos tratamientos. Si bien los estudios proporcionaron valiosos datos médicos, también plantearon serias cuestiones éticas sobre el consentimiento y el trato de los participantes.

La malaria, una enfermedad potencialmente mortal transmitida por mosquitos. Durante la Segunda Guerra Mundial, la malaria causó más bajas entre las tropas aliadas en el Pacífico que las balas enemigas. La necesidad urgente de tratamientos eficaces llevó a los Estados Unidos a invertir en investigaciones aceleradas sobre la enfermedad.

La prisión estatal de Illinois en Chicago fue elegida como sitio para los estudios de malaria debido a la disponibilidad de una población cautiva de prisioneros, considerados adecuados para participar en investigaciones médicas. En ese momento, la ética de la investigación en humanos no estaba tan desarrollada como hoy, y se consideraba aceptable realizar estudios en prisioneros bajo ciertas condiciones.

Los prisioneros fueron reclutados para los estudios a través de incentivos como la reducción de sus sentencias, pagos monetarios y mejores condiciones de vida durante el estudio. Aunque se les informó sobre los riesgos, el nivel de consentimiento informado que se obtuvo es cuestionable según los estándares modernos.

Procedimientos Experimentales:

<u>Infección Deliberada</u>: Los prisioneros fueron deliberadamente infectados con malaria a través de picaduras de mosquitos infectados o por inyección de parásitos de malaria.

<u>Administración de Tratamientos:</u> Se probaron varios fármacos antimaláricos, incluyendo quinina, atabrine y otras sustancias experimentales. Los investigadores monitorizaron la efectividad de estos tratamientos en reducir la fiebre y eliminar el parásito del cuerpo.

<u>Observación y Registro</u>: Los participantes fueron observados de cerca y sus síntomas y reacciones fueron cuidadosamente documentados. Los efectos secundarios de los tratamientos también fueron registrados.

Los estudios ayudaron a identificar tratamientos más efectivos contra la malaria, incluyendo el uso de atabrine, que resultó ser más eficaz y menos tóxico que la quinina. Estos hallazgos tuvieron un impacto directo en el manejo de la malaria entre las tropas aliadas, salvando numerosas vidas.

Los prisioneros que participaron en los estudios experimentaron diversos grados de enfermedad debido a la malaria y a los efectos secundarios de los tratamientos. Algunos sufrieron complicaciones graves, mientras que otros se recuperaron sin problemas duraderos.

El nivel de consentimiento informado es uno de los aspectos más criticados de estos estudios. Aunque los prisioneros firmaron documentos de consentimiento, se cuestiona si comprendieron completamente los riesgos y la naturaleza del experimento. Las circunstancias de coerción inherentes a su situación como prisioneros también ponen en duda la voluntariedad de su participación.

El uso de una población cautiva y vulnerable para experimentos médicos plantea serias preocupaciones éticas. Los prisioneros, al estar en una posición de poder desigual, pueden haber sentido presión para participar, comprometiendo la validez de su consentimiento.

Aunque los estudios resultaron en importantes avances médicos, el equilibrio entre el beneficio social y el riesgo individual es un tema central en la ética de la investigación. La explotación de prisioneros para el beneficio de la salud pública plantea dilemas éticos sobre la justicia y la igualdad.

Los detalles de los estudios de malaria en prisioneros se hicieron públicos más ampliamente en las décadas posteriores a la Segunda Guerra Mundial. La conciencia sobre los aspectos éticos de estos estudios creció a medida que se desarrollaban estándares más estrictos para la investigación en humanos.

18. Los Experimentos de Exposición al Ácido en EE.UU.

Los experimentos de exposición al ácido en la década de 1960 son un ejemplo de cómo la investigación científica, impulsada por necesidades militares y avances tecnológicos, puede cruzar líneas éticas significativas.

Durante la Guerra Fría, la investigación sobre los efectos de las armas químicas y la protección contra ellas se convirtió en una prioridad para el ejército de los Estados Unidos. Los ácidos corrosivos, utilizados en diversas aplicaciones militares e industriales, requerían un estudio exhaustivo para entender sus efectos sobre el cuerpo humano y desarrollar contramedidas efectivas.

Varias instituciones, incluyendo laboratorios militares, universidades y hospitales, participaron en estos estudios. Entre las más conocidas se encontraban el Ejército de los Estados Unidos y varias universidades de renombre que colaboraron en la investigación de sustancias químicas peligrosas.

Los participantes en estos experimentos incluyeron voluntarios militares, prisioneros y ocasionalmente civiles reclutados a través de anuncios. La información proporcionada a los participantes sobre los riesgos involucrados varió, y en muchos casos, el nivel de consentimiento informado fue insuficiente según los estándares actuales.

Procedimientos Experimentales:

Exposición a Ácidos: Los sujetos fueron expuestos a diferentes tipos de ácidos, como el ácido sulfúrico y el ácido clorhídrico, en concentraciones variables. La exposición se realizó mediante aplicaciones tópicas controladas en la piel o, en algunos casos, inhalación de vapores ácidos.

<u>Monitoreo de Reacciones</u>: Los investigadores observaron y documentaron las reacciones inmediatas y a largo plazo de los sujetos, incluyendo quemaduras, dolor, daño tisular y efectos sistémicos.

<u>Evaluación y Tratamiento:</u> Se evaluaron los efectos de diferentes tratamientos y contramedidas para mitigar el daño causado por la exposición al ácido. Esto incluyó el uso de soluciones neutralizantes, vendajes y otros métodos médicos.

Los resultados fueron cuidadosamente documentados, y los datos recopilados se utilizaron para mejorar las medidas de seguridad en entornos militares e industriales. Los informes de estos estudios a menudo se mantuvieron clasificados o se difundieron en círculos científicos limitados.

Los experimentos revelaron una variedad de efectos adversos de la exposición al ácido, que variaban según el tipo de ácido, la concentración y la duración de la exposición. Los efectos observados incluyeron:

- Quemaduras químicas de diferentes grados
- Necrosis tisular
- Dolor extremo y daño neurológico
- Complicaciones sistémicas en casos de inhalación
- Desarrollo de Contramedidas

Los estudios ayudaron a desarrollar contramedidas efectivas para la exposición al ácido, incluyendo soluciones neutralizantes específicas y protocolos de tratamiento para minimizar el daño y acelerar la recuperación. Estos avances fueron aplicados en contextos militares e industriales para mejorar la seguridad y la respuesta a incidentes químicos.

Muchos participantes no fueron plenamente informados sobre los riesgos y la naturaleza de los experimentos. En algunos casos, los sujetos fueron inducidos a participar bajo presiones o incentivos que comprometieron la voluntariedad de su consentimiento.

El uso de prisioneros y voluntarios militares, que a menudo se encontraban en posiciones de poder desigual, planteó serias preocupaciones éticas. La capacidad de estos individuos para negarse a participar o comprender completamente los riesgos fue limitada, lo que comprometió la ética de los estudios.

Si bien los estudios proporcionaron información valiosa para la seguridad militar e industrial, la evaluación de los riesgos para los individuos en comparación con los beneficios potenciales para la sociedad es un tema central en la ética de la investigación. La explotación de sujetos humanos para obtener datos médicos plantea dilemas éticos sobre la justicia y el trato humano.

Los detalles de los experimentos de exposición al ácido se hicieron más ampliamente conocidos en las décadas posteriores a su realización. La conciencia pública sobre los aspectos éticos de estos estudios creció a medida que se desarrollaban estándares más estrictos para la investigación en humanos.

19. Los Estudios de Radiación en Hospitales de Brooklyn

Durante la década de 1940, varios estudios de radiación se llevaron a cabo en hospitales de Brooklyn, Nueva York. Estos estudios, realizados principalmente en pacientes con enfermedades terminales o crónicas, implicaron la exposición deliberada a dosis de radiación con el objetivo de entender mejor sus efectos en el cuerpo humano y desarrollar tratamientos médicos y aplicaciones industriales.

La radiación se descubrió a finales del siglo XIX y rápidamente se exploraron sus aplicaciones médicas y científicas. Durante las décadas de 1930 y 1940, la radiación se utilizaba tanto para el tratamiento del cáncer como para diversos estudios científicos, a menudo sin una comprensión completa de sus efectos a largo plazo.

En Brooklyn, varios hospitales participaron en estos estudios, incluyendo instituciones como el Hospital Judío de Brooklyn y el Hospital Kings County. Estas instituciones se convirtieron en centros de investigación donde se exploraron los efectos de la radiación en el cuerpo humano.

Los estudios a menudo involucraron a pacientes con enfermedades terminales o crónicas que recibieron tratamiento en estos hospitales. La selección de participantes se basó en su estado de salud, y muchos de ellos no fueron plenamente informados sobre la naturaleza experimental de los tratamientos que recibieron.

Procedimientos Experimentales:

<u>Exposición a Radiación</u>: Los pacientes fueron expuestos a diversas dosis de radiación, que variaban desde bajas hasta extremadamente altas. La exposición se realizó mediante rayos X, radón y otros isótopos radiactivos.

<u>Monitoreo de Reacciones</u>: Los investigadores observaron y documentaron las reacciones inmediatas y a largo plazo de los pacientes, incluyendo efectos en la piel, los órganos internos y la salud general.

<u>Evaluación de Efectos Terapéuticos</u>: Además de los efectos adversos, los estudios también evaluaron la efectividad de la radiación en el tratamiento de ciertas condiciones médicas, como el cáncer.

Los resultados fueron cuidadosamente documentados, y los datos recopilados se utilizaron para mejorar el conocimiento médico sobre los efectos de la radiación y desarrollar tratamientos más efectivos.

Los estudios revelaron una variedad de efectos adversos de la exposición a la radiación, incluyendo:

- Quemaduras y daño tisular
- Problemas cardiovasculares
- Efectos en el sistema nervioso central
- Aumento del riesgo de cáncer y otras enfermedades a largo plazo

A pesar de los efectos adversos, los estudios también demostraron que la radiación podía ser efectiva en el tratamiento de ciertos tipos de cáncer y otras enfermedades, lo que llevó al desarrollo de nuevas terapias radiológicas.

Muchos pacientes no fueron plenamente informados sobre los riesgos y la naturaleza experimental de los tratamientos. La información proporcionada a los pacientes a menudo fue insuficiente, comprometiendo la ética de los estudios.

El uso de pacientes terminales o crónicos, que a menudo se encontraban en posiciones vulnerables y desesperadas, planteó serias preocupaciones éticas. La capacidad de estos individuos para comprender completamente los riesgos y negarse a participar fue limitada.

Si bien los estudios proporcionaron información valiosa para la medicina, la evaluación de los riesgos para los individuos en comparación con los beneficios potenciales para la sociedad es un tema central en la ética de la investigación. La explotación de pacientes para obtener datos médicos plantea dilemas éticos sobre la justicia y el trato humano.

Los detalles de los estudios de radiación en hospitales de Brooklyn se hicieron más ampliamente conocidos en las décadas posteriores. La conciencia pública sobre los aspectos éticos de estos estudios creció a medida que se desarrollaban estándares más estrictos para la investigación en humanos.

A pesar de las controversias, los estudios proporcionaron datos cruciales que ayudaron a mejorar el conocimiento médico y el tratamiento de enfermedades mediante la radiación. Estos avances han tenido un impacto duradero en la medicina moderna.

20. Pruebas de Armas Químicas en Aldeas Vietnamitas

Durante la década de 1960, en el contexto de la Guerra de Vietnam, el ejército de los Estados Unidos llevó a cabo pruebas de armas químicas en aldeas vietnamitas. Estas pruebas, que involucraron el uso de agentes químicos como el Agente Naranja, se realizaron con el objetivo de desfoliar bosques y eliminar cultivos utilizados por el Viet Cong. Sin embargo, las consecuencias para la población civil fueron devastadoras, causando enfermedades graves y daños ambientales a largo plazo.

La Guerra de Vietnam (1955-1975) fue un conflicto prolongado entre las fuerzas comunistas del Norte de Vietnam y el gobierno de Vietnam del Sur, respaldado por Estados Unidos y otras naciones anticomunistas. La guerra se caracterizó por tácticas de guerrilla, lo que llevó a los militares estadounidenses a buscar métodos no convencionales para contrarrestar la insurgencia del Viet Cong.

En un intento por privar al Viet Cong de cobertura vegetal y recursos agrícolas, Estados Unidos inició el programa conocido como "Operación Ranch Hand" en 1961. Este programa implicaba la pulverización de herbicidas y defoliantes, incluyendo el Agente Naranja, sobre vastas áreas de selva y tierras agrícolas en Vietnam del Sur.

Las áreas seleccionadas para las pruebas de armas químicas incluían aldeas y regiones rurales donde se sospechaba que el Viet Cong tenía una presencia significativa. Las operaciones se llevaron a cabo sin notificación previa a los habitantes locales, exponiéndolos directamente a los productos químicos.

Procedimientos de Pulverización:

Uso de Aviones: Los herbicidas y defoliantes se dispersaron principalmente mediante aviones C-123 que sobrevolaban las áreas designadas. Las misiones de pulverización se realizaron de manera regular a lo largo de la década de 1960.

Tipos de Químicos: Los productos químicos utilizados incluían el Agente Naranja, que contenía dioxinas, compuestos altamente tóxicos que persisten en el medio ambiente y causan graves problemas de salud.

Objetivos Militares: La principal justificación militar fue la eliminación de la cobertura vegetal y la destrucción de los cultivos que podrían sustentar al enemigo.

Los efectos de las pulverizaciones se documentaron mediante fotografías aéreas y reportes de campo, que registraron la eficacia de los químicos en la defoliación y destrucción de cultivos.

Los herbicidas y defoliantes devastaron el paisaje vietnamita, causando la pérdida de grandes áreas de selva y tierras agrícolas. La persistencia de las dioxinas en el suelo y el agua provocó daños ecológicos a largo plazo.

Las poblaciones locales expuestas a los químicos sufrieron una amplia gama de problemas de salud, incluyendo:

• Cáncer
• Malformaciones congénitas
• Enfermedades de la piel
• Problemas respiratorios y del sistema inmunológico
• Las generaciones posteriores también se vieron afectadas, ya que las dioxinas se transmitieron a través de la cadena alimentaria y el medio ambiente.

Desde una perspectiva militar, las operaciones lograron reducir temporalmente la cobertura vegetal y dificultar las operaciones del Viet Cong. Sin embargo, los costos humanos y ambientales fueron enormemente desproporcionados en comparación con los beneficios militares obtenidos.

Las pruebas afectaron principalmente a civiles, incluyendo mujeres, niños y ancianos, que no tenían ningún vínculo directo con el conflicto. La utilización de armas químicas en áreas habitadas por civiles plantea graves cuestiones éticas sobre la conducción de la guerra y el respeto a los derechos humanos.

Los detalles sobre el uso de armas químicas en Vietnam se hicieron más ampliamente conocidos en las décadas posteriores a la guerra. La conciencia pública sobre los aspectos éticos y las consecuencias de estas acciones llevó a un mayor escrutinio de las políticas militares y de investigación.

Las pruebas de armas químicas en Vietnam contribuyeron a la evolución de las normativas internacionales sobre el uso de armas químicas. Tratados como la Convención sobre Armas Químicas se desarrollaron en parte como respuesta a estas y otras atrocidades similares.

21. Experimentos de Anticonceptivos en Puerto Rico

Durante la década de 1950, se llevaron a cabo experimentos con anticonceptivos en Puerto Rico. Estos estudios, que implicaron el uso de la primera píldora anticonceptiva oral, se realizaron con el objetivo de evaluar su eficacia y seguridad. Sin embargo, las pruebas plantearon serias cuestiones éticas relacionadas con los efectos secundarios experimentados por las participantes.

En los años cincuenta, los investigadores buscaban métodos anticonceptivos efectivos para controlar el crecimiento poblacional y mejorar la salud reproductiva de las mujeres. La invención de la píldora anticonceptiva oral fue vista como un avance revolucionario, pero necesitaba ser probada en ensayos clínicos para evaluar su eficacia y seguridad.

Puerto Rico fue elegido como el sitio de prueba debido a varias razones: la alta tasa de natalidad, la densidad poblacional, y el hecho de que la isla estaba bajo control estadounidense, lo que facilitaba la realización de los estudios. Además, la población predominantemente pobre y de clase trabajadora fue vista como una muestra ideal para los experimentos.

Las participantes de los estudios fueron en su mayoría mujeres pobres de Puerto Rico, muchas de las cuales no fueron plenamente informadas sobre la naturaleza experimental de las píldoras anticonceptivas que se les administraban. Las mujeres se inscribieron en los estudios a través de clínicas locales de planificación familiar.

Procedimientos Experimentales:

<u>Administración de la Píldora</u>: Las mujeres recibieron dosis diarias de la píldora anticonceptiva, que contenía altas concentraciones de hormonas.

<u>Monitoreo de Efectos Secundarios</u>: Los investigadores monitorearon a las participantes en busca de efectos secundarios, que incluían náuseas, vómitos, dolores de cabeza y otros síntomas.

<u>Evaluación de la Eficacia</u>: La efectividad de la píldora para prevenir embarazos fue evaluada a lo largo del estudio.

Los resultados fueron cuidadosamente documentados, y los datos recopilados se utilizaron para ajustar la fórmula de la píldora y reducir sus efectos secundarios.

Los estudios demostraron que la píldora anticonceptiva era altamente efectiva para prevenir embarazos. Sin embargo, la alta dosis hormonal inicial causó numerosos efectos secundarios adversos en las participantes, que incluían:

- Náuseas y vómitos
- Dolores de cabeza
- Mareos
- Problemas menstruales

Algunos efectos secundarios fueron graves, pero a menudo se minimizaron o ignoraron en los informes iniciales.

A pesar de las controversias, los datos recopilados de estos estudios fueron fundamentales para el desarrollo y la mejora de la píldora anticonceptiva, que más tarde se convirtió en un método de control de la natalidad ampliamente utilizado y revolucionario.

Una de las principales críticas de estos estudios fue que muchas mujeres no fueron plenamente informadas sobre la naturaleza experimental de las píldoras, los riesgos asociados y los posibles efectos secundarios.

El uso de mujeres pobres y de clase trabajadora en Puerto Rico, que tenían menos acceso a información y recursos médicos, plantea serias preocupaciones éticas sobre la explotación y la justicia en la investigación médica.

Los detalles de los experimentos de anticonceptivos en Puerto Rico se hicieron más ampliamente conocidos en las décadas posteriores, generando indignación y críticas hacia las prácticas de investigación utilizadas.

A pesar de las controversias, los estudios proporcionaron datos cruciales que ayudaron a mejorar la píldora anticonceptiva, la cual ha tenido un impacto duradero en la salud reproductiva de las mujeres en todo el mundo.

22. Experimentación con Nutrición en Niños Indígenas

Durante las décadas de 1940 y 1950, el gobierno canadiense llevó a cabo experimentos nutricionales en niños indígenas sin su consentimiento ni el de sus padres. Estos estudios se realizaron en escuelas residenciales y comunidades indígenas con el objetivo de evaluar el impacto de diversas deficiencias y suplementos nutricionales. Las investigaciones, que involucraron la privación deliberada de nutrientes y la administración de suplementos, tuvieron efectos devastadores en la salud de los niños y plantearon serias cuestiones éticas.

Durante gran parte del siglo XX, el gobierno canadiense implementó políticas que buscaban asimilar a las poblaciones indígenas, a menudo mediante métodos coercitivos. Las escuelas residenciales, que buscaban eliminar las culturas indígenas y asimilar a los niños a la sociedad euro-canadiense, jugaron un papel central en estas políticas.

Las comunidades indígenas de Canadá enfrentaban graves problemas nutricionales debido a la pobreza, la discriminación y las políticas gubernamentales que restringían su acceso a alimentos tradicionales. Estos problemas eran particularmente evidentes en las escuelas residenciales, donde la calidad de los alimentos era pobre y la malnutrición estaba muy extendida.

Los experimentos nutricionales se llevaron a cabo en varias escuelas residenciales y comunidades indígenas. Los participantes fueron seleccionados sin su consentimiento y sin informar adecuadamente a sus padres sobre la naturaleza de los estudios.

Procedimientos Experimentales:

<u>Privación de Nutrientes</u>: En algunos estudios, a los niños se les negó el acceso a ciertos nutrientes esenciales para observar los efectos de la deficiencia nutricional.

<u>Suplementos Nutricionales</u>: En otros estudios, se administraron suplementos nutricionales a los niños para evaluar su impacto en la salud y el crecimiento.

Los investigadores monitorearon la salud y el desarrollo de los niños, registrando datos sobre su crecimiento, estado de salud y otros indicadores biológicos.

Los resultados de los estudios se documentaron meticulosamente, y los datos recopilados se utilizaron para redactar informes y artículos científicos.

Los experimentos tuvieron efectos devastadores en la salud de los niños. La privación de nutrientes esenciales causó problemas graves de salud, incluyendo:

- Retrasos en el crecimiento y el desarrollo
- Enfermedades relacionadas con la deficiencia nutricional
- Problemas cognitivos y de aprendizaje
- Evaluación de Suplementos Nutricionales

Los estudios que involucraron la administración de suplementos nutricionales demostraron que los suplementos podían mejorar la salud de los niños, pero a menudo estos resultados fueron alcanzados a costa de la salud de otros niños que fueron privados de nutrientes.

A pesar de las controversias, los estudios proporcionaron datos importantes sobre el impacto de la nutrición en la salud y el desarrollo infantil, aunque estos datos se obtuvieron de manera profundamente inmoral y antiética.

Una de las principales críticas de estos estudios fue que los niños y sus padres no fueron informados sobre la naturaleza experimental de los estudios, los riesgos involucrados ni los objetivos de los mismos.

El uso de niños indígenas, que ya se encontraban en una posición vulnerable debido a las políticas gubernamentales y la discriminación, plantea serias preocupaciones éticas sobre la explotación y la justicia en la investigación médica.

Los detalles de los experimentos nutricionales en niños indígenas se hicieron más ampliamente conocidos en décadas posteriores, generando indignación y críticas hacia las prácticas de investigación utilizadas.

Los experimentos nutricionales en niños indígenas en Canadá durante las décadas de 1940 y 1950 representan un capítulo controvertido y complejo en la historia de la investigación médica. Si bien contribuyeron a la comprensión científica de la nutrición, también plantean serias cuestiones éticas sobre el consentimiento y el trato de los participantes.

23. Experimentos con Armas Biológicas en San Francisco

En 1950, la Marina de los Estados Unidos llevó a cabo una serie de experimentos conocidos como "Operación Sea-Spray" en San Francisco, California, en los que liberaron bacterias para estudiar la vulnerabilidad de las ciudades estadounidenses a los ataques biológicos.

Durante la Guerra Fría, Estados Unidos intensificó sus investigaciones en armas biológicas como parte de su estrategia de defensa. El miedo a un ataque biológico por parte de la Unión Soviética impulsó a los militares a estudiar la vulnerabilidad de las ciudades estadounidenses a tales ataques.

San Francisco fue elegida por su clima, densidad poblacional y ubicación geográfica, lo que la convertía en un lugar ideal para evaluar la dispersión de agentes biológicos.

La Marina de los Estados Unidos utilizó Serratia marcescens, una bacteria que en ese momento se creía inofensiva, y Bacillus globigii, que se utilizaba comúnmente en pruebas biológicas por su similitud con agentes más peligrosos.

Procedimientos Experimentales:

Liberación de Bacterias: Las bacterias se liberaron desde barcos situados cerca de la costa de San Francisco mediante aerosoles.

Monitoreo de Dispersión: Los investigadores monitorearon la dispersión de las bacterias a través de la ciudad utilizando varias estaciones de muestreo.

Recolección de Datos: Se recolectaron datos sobre la presencia de bacterias en diferentes áreas de la ciudad para evaluar la eficacia de la dispersión y la exposición de la población.

Los resultados fueron cuidadosamente documentados, y los datos recopilados se utilizaron para redactar informes y estudios científicos sobre la vulnerabilidad a los ataques biológicos.

Los experimentos demostraron que las bacterias podían dispersarse eficientemente sobre grandes áreas, exponiendo a una gran parte de la población a los agentes biológicos sin que las personas se dieran cuenta.

Después de la liberación de las bacterias, se registraron varios casos de infecciones y enfermedades respiratorias. Un hombre, Edward Nevin, murió de una infección causada por Serratia marcescens, lo que provocó una investigación sobre la causa de su enfermedad y la relación con los experimentos.

Los estudios proporcionaron información valiosa sobre la dispersión de agentes biológicos y la vulnerabilidad de las ciudades, aunque se llevaron a cabo a costa de la salud y el bienestar de los ciudadanos.

Cabe anotar que los ciudadanos de San Francisco no fueron informados sobre la naturaleza de los estudios ni los riesgos asociados con la liberación de bacterias.

El uso de una población civil para experimentos de guerra biológica plantea serias preocupaciones éticas sobre la explotación y la justicia en la investigación.

Los detalles de los experimentos se mantuvieron en secreto durante muchos años. En la década de 1970, la información sobre la "Operación Sea-Spray" fue desclasificada, lo que generó indignación y críticas hacia las prácticas de investigación utilizadas.

24. Estudios de Contaminación Radioactiva en Mineros de Uranio

Durante las décadas de 1950 y 1960, se llevaron a cabo estudios para evaluar los efectos de la exposición a la radiación en mineros de uranio en Estados Unidos, particularmente en las regiones del suroeste. Estos estudios, realizados sin un consentimiento adecuado y con un conocimiento limitado de los riesgos involucrados, revelaron tasas elevadas de cáncer de pulmón y otras enfermedades graves entre los mineros.

Entre 1950 y 1960, la demanda de uranio se disparó debido al desarrollo de armas nucleares y la energía nuclear. Esto llevó a una expansión significativa de la minería de uranio, especialmente en el suroeste de Estados Unidos.

Las condiciones de trabajo en las minas de uranio eran extremadamente duras y peligrosas. Los mineros, muchos de los cuales eran nativos americanos o trabajadores inmigrantes, estaban expuestos a altos niveles de radiación sin la protección adecuada.

Los estudios se llevaron a cabo en mineros de uranio que trabajaban en diversas minas de los Estados Unidos. Muchos de estos trabajadores no fueron informados adecuadamente sobre los riesgos que enfrentaban ni sobre la naturaleza de los estudios.

Procedimientos Experimentales:

<u>Monitoreo de la Radiación</u>: Los niveles de radiación en las minas y la exposición de los mineros se monitorearon mediante el uso de dosímetros y otras técnicas de medición.

<u>Exámenes Médicos</u>: Se realizaron exámenes médicos periódicos para evaluar la salud de los mineros, centrándose especialmente en la función pulmonar y la incidencia de cáncer.

<u>Recolección de Datos</u>: Los datos sobre la exposición a la radiación y la salud de los mineros se recopilaron y analizaron para identificar correlaciones y tendencias.

Los resultados de los estudios fueron documentados en informes y artículos científicos, aunque a menudo se subestimaron o ignoraron los riesgos para los mineros.

Los estudios revelaron tasas significativamente elevadas de cáncer de pulmón y otras enfermedades respiratorias entre los mineros de uranio. La exposición prolongada al radón y al polvo radiactivo en las minas fue identificada como la causa principal de estos problemas de salud.

La investigación demostró que la contaminación radioactiva en las minas de uranio era mucho mayor de lo que se había anticipado, y que las medidas de seguridad eran inadecuadas para proteger a los trabajadores.

Aunque los estudios proporcionaron información crucial sobre los efectos de la radiación en la salud humana, se realizaron a costa de la salud y el bienestar de los mineros.

Con el tiempo, los detalles de los estudios y los riesgos asociados con la minería de uranio se hicieron más ampliamente conocidos, lo que generó indignación y demandas de justicia para los mineros afectados.

Los estudios contribuyeron a la evolución de las normativas sobre seguridad laboral y la protección de los trabajadores, llevando a un mayor énfasis en la seguridad en las minas y la compensación para los trabajadores afectados.

25. Experimentación con Cirugía Lobotómica

La lobotomía, una forma de cirugía que implica la destrucción o alteración de partes del cerebro, fue una práctica común en el tratamiento de enfermedades mentales durante las décadas de 1940 y 1950.

La lobotomía fue introducida como un tratamiento revolucionario para diversas enfermedades mentales, incluidas la esquizofrenia y la depresión severa. Sin embargo, su aplicación indiscriminada y los resultados devastadores para muchos pacientes han convertido a esta práctica en un símbolo de los peligros de la medicina no regulada y la experimentación humana.

La lobotomía fue desarrollada por el neurólogo portugués António Egas Moniz en la década de 1930. Moniz creía que ciertos comportamientos y trastornos mentales podían ser tratados mediante la destrucción de las conexiones nerviosas en el lóbulo frontal del cerebro.

El neurocirujano estadounidense Walter Freeman, junto con su colega James W. Watts, popularizó la lobotomía en Estados Unidos. Freeman desarrolló un método menos invasivo conocido como lobotomía transorbital, que podía realizarse rápidamente sin necesidad de una sala de operaciones completamente equipada.

Procedimientos Experimentales:

Lobotomía Prefrontal: Esta técnica implicaba perforar el cráneo y cortar las conexiones entre los lóbulos frontales y el resto del cerebro.

Lobotomía Transorbital: Desarrollada por Freeman, esta técnica involucraba insertar un instrumento similar a un picahielo a través de la órbita ocular para acceder y alterar el lóbulo frontal.

Los pacientes seleccionados para lobotomía incluían a aquellos con esquizofrenia, depresión severa, ansiedad crónica y otras enfermedades mentales que no respondían a otros tratamientos. A menudo, los pacientes no tenían la capacidad de dar su consentimiento informado debido a la gravedad de su enfermedad mental.

Los resultados de las lobotomías fueron variados. Mientras algunos pacientes mostraron mejoras en ciertos síntomas, muchos otros sufrieron efectos secundarios devastadores, como cambios de personalidad, incapacidad cognitiva y, en algunos casos, muerte.

Resultados Clínicos:

<u>Éxitos</u>: Algunos pacientes experimentaron una reducción en los síntomas de ansiedad y agitación, permitiéndoles una mejor integración social.

<u>Fracaso y Daños</u>: Muchos pacientes sufrieron efectos secundarios graves, incluyendo apatía, falta de iniciativa, pérdida de función cognitiva y comportamiento infantil.

La lobotomía fue inicialmente vista como un avance en la psiquiatría, pero con el tiempo se convirtió en un ejemplo de tratamiento inhumano y malentendido de las enfermedades mentales. La práctica de la lobotomía disminuyó drásticamente con la introducción de medicamentos antipsicóticos en la década de 1950.

Una de las críticas principales fue la falta de consentimiento informado adecuado. Muchos pacientes y sus familias no entendían completamente los riesgos y consecuencias de la lobotomía.

La lobotomía se utilizó de manera indiscriminada en una amplia variedad de pacientes, incluidos niños y personas con discapacidades menores, sin una evaluación adecuada de los beneficios y riesgos.

La práctica afectó desproporcionadamente a poblaciones vulnerables, incluidos los pobres y aquellos en instituciones mentales, quienes tenían menos capacidad para rechazar el tratamiento.

A medida que se conocieron los efectos devastadores de la lobotomía, la práctica fue objeto de una creciente crítica tanto por parte del público como de la comunidad médica.

Las controversias en torno a la lobotomía llevaron a una mayor regulación de los tratamientos psiquiátricos y una mayor protección de los derechos de los pacientes. Esto incluyó la introducción de procedimientos de consentimiento informado y la revisión ética de las prácticas médicas.

Aunque la lobotomía se considera hoy en día un procedimiento inhumano, proporcionó información valiosa sobre la función cerebral y la relación entre ciertas áreas del cerebro y el comportamiento.

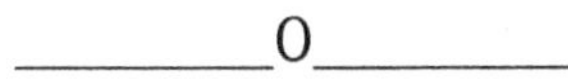

Si te ha interesado la temática puedes ampliar el conocimiento a través de los libros "Oscuros experimentos psïcológicos" y "Oscuros experimentos psicológicos II" del Lic. Guillermo Pegoraro, que encontrarás en esta plataforma.

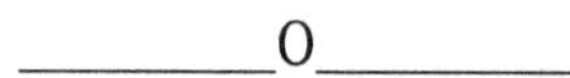

Otros libros del autor Phillips Tahuer publicados por Ediciones Afrodita que encontrarás en esta plataforma:

Contenido de la Enciclopedia de los Misterios

Volumen 1:
Cap.1 Personajes enigmáticos
Cap.2 Historias perdidas
Cap.3 Seres misteriosos
Cap.4 Superpoderes
Cap.5 Pasado tecnológico

Volumen 2:
Cap.1 Arquitectura intrigante
Cap.2 Culturas misteriosas
Cap.3 Fenómeno OVNI
Cap.4 Abducciones
Cap.5 El Triángulo de las Bermudas

Volumen 3:
Cap.1 Objetos misteriosos
Cap.2 Asombrosas desapariciones
Cap.3 Sucesos sin explicaciones
Cap.4 Mundo fantasmagórico
Cap.5 Hechizos y brujería

Volumen 4:
Cap. 1 Misterios religiosos

Cap. 2 Misterios científicos
Cap. 3 Animales imposibles
Cap. 4 Viajes en el tiempo
Cap. 5 Videntes y profecías

Volumen 5:
Grandes misterios sin resolver

Otros títulos del autor:

Libro 6:
Las más grandes teorías conspirativas

Libro 7:
Grandes atracos de la historia

Libro 8:
Asesinos famosos -el lado perverso de la mente-

Libro 9:
Vidas en cautiverio –Historias de secuestros reales-

Libro 10:
Agentes, informantes y traidores -el mundo del espionaje-

Libro 11:
Piratas del siglo XXI

Libro 12:
Amores trágicos

Libro 13:
30 curiosidades de la II Guerra Mundial

Libro 14:
Oscuros experimentos en humanos